마음 밭에 꽃씨를 뿌리며

이경희 시집

창현

| 시인의 말 |

평범하게 산다는 것이 가장 위대한 삶이라 생각한다.
소소한 일상이 시가 되고
내 삶에 출발점은 항상 지금이다.
인연과 인생 가치에 정성을 다하는 것이다.

가난하다고 인생이 가난한 것이 아니다.
가난이 있기에 삶에 목표가 생긴다.
인생이라는 강은 어쩌면 항해와 같은 것
인생이라는 배, 삶의 방향성이 있어야지
바다를 항행하는 삶은 평온한 적이 없다.
넓은 마음과 지혜의 바다를 품고
살아온 세월 앞에 숙연해진다.

밧줄을 풀고 인생이라는 닻을 올리며
부딪힌 삶에 흔적들을 모았다.
한때는 캄캄한 밤바다, 수평선 너머로
등대 불빛을 찾느라 헤맸던 삶의 시간,
황천 항해와 고난의 역경을 이겨낸 길에서
장애 아이들을 향한 사랑의 끄나풀을 붙들고
도전과 응전, 사랑과 감사로 점철된 교직의 시간,
참, 힘들었다.
그러나 역동적 삶이었다.
작품 한 점 한 점, 따뜻한 숨결이 숨어 있다.

고통과 시련 앞에서도 당당하게 삶을 개척하며
갈급한 현실 앞에서도 아름다운 눈으로 세상을 바라보면
지금까지 살아온 길,
살아갈 인생의 강에도
달빛은 환하게 길을 밝히리라.

      2025년 9월 해월정에서
        이경희 시인

| 차례 |

시인의 말 • 3

제1부 _ 얼마나 소중한 날인가

하루 예찬 • 10
무지갯빛 사랑 • 12
낮 달맞이꽃 • 13
행복은 • 14
사랑은 파도를 넘어 • 15
마음 문 • 16
영성의 꽃 • 17
생의 한가운데 • 18
마음이 어디에 가 있는지 • 20
마음 때 벗겨내기 • 21
그늘 꽃 • 22
저만치 달아났다 • 23
바다야 • 24
마음 챙김 • 25
하조대 추억 • 26
텃밭에도 빛깔이 있다 • 27
동치미 • 28
기도 • 29
하나님의 향기 • 30

제2부 _ 마음 밭에 꽃씨를 뿌려야지

목련꽃 • 32
생명의 말씀 • 33
감사 일기 • 34
달빛 바다에 눈물을 훔쳤다 • 35
가을 동화 • 36
지금, 바로 • 37
내 탓임을 알아요 • 38
삶의 신호등 앞에 서다 • 40
풀꽃 교실 • 41
봄빛에 타는 마음 • 42
바람 소리 듣는다 • 44
삶의 묘미 • 45
고목 아래서 • 46
아내 • 47
생명의 길 • 48
봄날이 오면 • 49
돌아가는 길 • 50

제3부_삶의 향기 그윽하게

인생의 닻 • 54
장복산 • 55
'삼포로 가는 길' 노래비에 앉아 • 56
들꽃의 향기 • 57
디딤돌 • 58
멈추지 않는 것 • 59
아버지의 지게 • 60
당신의 마음 • 61
잠시라도 • 62
모난 돌 • 63
해운대 바다 • 64
여름 맛 • 65
그 길을 찾는다 • 66
산길을 오르며 • 68
나눠 먹기 • 69
누이야 • 70
안개 • 72
눈높이 • 73
현악의 세월 • 74

제4부_이 순간을 사랑해야지

바른 눈을 가져야지 • 76
생각의 틀 깨기 • 77
아이들의 얼굴 • 78
노랑 장미 • 79
무화과 • 80
진주알이 되도록 굴러봅니다 • 81
가족 밥상 • 82
동짓날 • 83
들꽃 시인 • 84
휠체어를 밀면서 • 86
단풍잎 • 87
이 순간을 사랑해야지 • 88
길 위에서 • 90
겨울나무 • 91
카페, 지중해 • 92
아홉산 숲 대밭 길 • 93
바람개비 • 94

제5부_삶의 질곡들이 인생을 물들이고

작은 돌탑 하나 • 96
마음을 두들겨 맞아야 • 97
'인문학 산책'을 읽고 • 98
꽃 • 99
인생이라는 선물 • 100
나답게 산다는 것 • 101
순천만, 겨울 초입 • 102
바다가 불렀다 • 103
스마트 폰 사진 세상 • 104
마음의 벽 • 105
내수면 생태공원 수원지 • 106
음악의 선율 • 107
역사의 강물 • 108
피아노 • 109
고향 뒷산에 올라 • 110
꽃을 심는 마음 • 111
The heart of planting flowers • 112

시집 해설
순간의 향기를 붙잡는 시학 • 113
— **임창연**(시인·문학평론가)

제1부
얼마나 소중한 날인가

살아있어 가슴이 뛴다
생명이 있어 길을 나선다
내가 보고 생각하고 느낄 때
주어지는 보배롭고 향기로운 시간
하루라는 인생의 보따리에
무엇을 품고 갈 것인가

하루 예찬

산다는 것은 하루를 삶의 향기로 채워가는
눈물과 감사의 날들
천지 만물에 미미한 흔적을 남기는 것
생각대로 움직이는 피조물
바람처럼 흔들어 주고 기대어
나를 채워가는 나그네의 발길이다

가만히 들여다보면, 하루는
기적같이 눈을 뜨고 세상을 본다는
얼마나 행복한 날들인가
아침 햇살이 하루를 밝히고
태양의 손길로 일할 수 있는 보람
별밤의 반짝이는 수천의 등불
수채화 빛으로 은혜롭게 채워지는 시간

가만히 기대어보면, 하루는
살아서 소리 나는 것을 듣는
얼마나 기쁜 날들인가
주위에서 들려오는 아름다운 소리
온갖 만물이 조화롭게 살아가는 소리
지혜의 바다 같은 물빛처럼 채워지는 순간들
흔들림의 파장이 심장을 두드리는 축복받는 시간

살아있어 가슴이 뛴다
생명이 있어 길을 나선다

내가 보고 생각하고 느낄 때
주어지는 보배롭고 향기로운 시간
하루라는 인생의 희망 보따리
무엇을 품고 갈 것인가

무지갯빛 사랑

애들아
벚꽃은 언제 필까?

분홍색 꽃 팝콘처럼
교문 가로수 길 톡톡 터지면
아이들 얼굴이 봄을 불렀다

살포시 날아드는 하얀 꽃잎
벚꽃의 꽃망울이 몽실몽실
봄빛을 시샘하면
오늘은 또 어떤 일이 벌어질까?

작은 사연들이 스치고 간 자리
나비가 날아와 친구가 되었다
들꽃처럼 피어나는 아이들 얼굴
맑고 고운 웃음꽃이 피었다

파란 하늘 꿈이
눈에 넣어도 아프지 않을 무지갯빛 사랑
그 교실 향기에
난, 하루가 저물었다

오늘은 또 어떤 일이 일어날까?

낮 달맞이꽃

아침 햇살 살포시 들어오는 곳으로
고개를 돌렸다
생긋, 방실 분홍색 꽃들이 반겼다
바람에 흔들리니 더 예쁘다
누가 봐주지 않아도
미소 짓는 모습이 고왔다

만날 때마다, 마음도 물들었다
눈물 기도 계단 앞에
목을 길게 빼고 날 기다려 주었다
"왜 그래, 울었니?"
마음 쓰다듬는 네 얼굴
비껴서 보니 나와 닮았네

돌아서며 멀뚱멀뚱 바라보는 순간순간
한걸음 뒤로 물러서 바라보았다
네 얼굴이 그렇게 밝을 수 없었다
가끔은 바로 보는 것보다
비껴서, 넌지시 사유思惟의 미덕을 줄 때
돌아서서, 물러서 바라볼 때
예쁘다는 것을 알았다
내 생각에도 공간의 여백
작은 틈새가 있어야겠다

행복은

행복은 자신을 이기는 것
남의 시선에 휘둘리지 않아야지
낮아져야 높아지는 삶
삶이란 선택의 순간들이 엮어놓은
초가집 지붕 용마루를 펼쳐 가는 것인지도 몰라

얼굴이 우락부락 붉어지고 볼이 떨려도
그래도, 그 고비를 참아야지
정말로 못 견디겠다, 한 주먹 날려야지
그래도, 그 문턱을 넘어야지
이젠 정말 못 살겠다, 갈라서야지
그래도, 그 울분의 순간을 버텨야지

행복은 성난 파도를 잠재우는 것
언제나 그 수평선 너머에 있단다
지금, 못 참는 자 나중은 혹한의 세월
행복은 생각보다 멀리 있지 않아
삶이란 순간을 이기는 절제의 도리道理

선물이란 인생 보따리
마음 밭 씨앗을 뿌린 손길에 달렸지
사랑은, 날 내어놓는 것
감사는, 날 채워주는 것
인생은 순간의 선택이 열어놓은 행복의 길

사랑은 파도를 넘어

사랑은 날 내어놓은 순간들의 향기
짠 인생 눈물의 세월을 담아 깊숙이 패인 인생의 길에서
무언 항행 아린 상흔의 그림자
하얗게 밀려오는 세찬 파도에서
선미의 백파 몰아내듯 나아가는 것
작은 시야에 비친 세상 형상물이
말없이 저 멀리 달아나도록 자리를 내어준다
사랑의 손길마저 꺼져버리는 순간들을
그늘 빛을 드리우는 발걸음이다
사랑의 그리움 밤을 밝히고 일출의 숭고함 희망의 날이려니

작은 물길이 길을 내고 세상을 열어간다
손을 잡아줄 때 그들이 다가와 길을 묻는다
한 조각 안개 인생, 나침반에 길을 물었다
새벽빛을 밝히며 어둠을 헤치는
삶의 울타리에 함몰된 애타는 그리움
손을 내밀어 길을 밝힌다
혈연의 인연들에 지친 영혼은 길을 잃을지라도
목마른 인생 바닷빛 심연의 일렁임은 변함없다
파도를 넘어야지, 큰 산을 넘어야지
사랑하지 않는 자, 미치도록 아린 시간
지울 수 없어, 버릴 수 없어
어둠이 깊을수록 눈물이 마른다

마음 문

어둠 세상 어디에 있어도 묵묵히
대지를 벗 삼아 피어나는
그늘 꽃들이 이쁘다

삶에 지친 영혼들이
일상에서 부딪치는 현실 앞에
남몰래 뿜어내는 사랑의 손길
고된 삶에 향기를 더한다

내 삶이 그렇게 요란치 않더라도
가끔은 빈 의자가 되어 주고
네 아픔을 조금은 공감하는
동행자가 되었으면 좋겠다

이웃과 세상을 볼 수 있다는 것
마음 문을 열고 볕뉘가 들게
함께 걸어가기 위한 손을 내미는 일
마음 창을 여는 소학행의 삶이 아닐까

영성의 꽃

바람이 흔드는 소리
꽃은 핀다
햇살이 받는 구석진 자리마다
찬양의 꽃은 피었다

그리움도 머물다 가고
아픈 가슴도 여물어 가고
세상과 부딪친 사연들은
진한 삶의 향기가 된다

사랑할수록 깊이를 더한다는 생의 고백
생각은 그늘진 비단 빛 영혼의 징검다리
사무친 향기는 인생이란
굴레에 삶의 완숙미를 더했다

때로는 역풍에 자리를 잊곤 하지만
고뇌의 아픔도, 기쁨도 사랑이려니
잠시 피었다 지는 상흔의 자리
차안此岸과 피안彼岸의 삶의 고뇌
영성의 꽃길이 아닌가

생의 한가운데

 큰 물결의 소용돌이가 삶을 휘몰아치고
 움푹 파인 용트림 자국이 생의 깊이를 더한다
 한 점의 상흔이 씻고 간 것은
 생의 한가운데 고통의 여운일세
 수평선 너머로 밀려드는 번뇌의 너울
 이 밤을 잠 못 들게 하여도
 오직 마음에 굳은 심지와 평안을 위해
 자아 성취를 위한 미련의 희생이라 여기며 나아가세
 세월의 언덕으로 밀려드는 뒤엉켜 버린 삶의 보따리
 구원의 동아줄로 여기고 황천 항해하는 긴박한 순간들
 까만 밤, 그 누구도 바라볼 수 없는 막다른 길목
 인생이란 위대한 발자취에 마음을 내려놓을 수 없다네
 심해의 울부짖음은 내면 성찰의 함성이 아니겠는가
 하얀 밤을 끌어안고 자아도취 별 헤는 밤은 정적만이 감싸고
 아련한 추억들이 달빛에 아른거릴 때, 한 점의 나침반을 찾았지
 누군들 아프지 않은 상처를 가지고 있지 않겠는가?
 자아自我가 문드러지더라도 내 생애 단 한 번
 누구도 방해받지 않은 목마른 영혼의 욕정과 영광을 누비고 싶지 않겠는가?
 해안으로 밀려드는 성난 파도의 함성이 나를 다독인다
 물질과 명예, 성공과 실패, 기쁨과 슬픔, 위대함과 거룩함의 성자 같은
 집착과 가식을 어쩌면 버리지 못한 채움의 욕심 조각들을
 먼바다로 썰물처럼 내버리면 된다

인생이란 우주에서 내려다보면 작디작은 점선이 이어놓은 행적의 연속이지
　고지식한 몰염치와 자존감의 극치라 의심치 않으련만
　궐기의 바른 삶의 도도한 비움의 용기
　이 세상을 달관하며 헤쳐가는 것은
　대양의 심연 용트림이 융기하는 허리케인처럼 밀어 솟구치는 열망
　그 삶의 궤적에 어떤 고통과 영광, 진리도 빛과 어둠에 잠식되어
　그늘의 빛과 그림자로 잉태된다
　인생 바다에 고귀한 가치의 모험, 숭고한 열정을 품고
　태양이 작열하듯 불꽃 같은 신념으로 꿈을 펼치리
　연이은 파도의 충격이 해안 절벽 바위를 깨듯이
　지혜와 영성의 말씀으로
　세상 길을 밝히는 삶이 인생의 존재론적 이성적 가치이다

마음이 어디에 가 있는지

아무리 좋은 사람 옆에 있어도
내 마음이 움직이지 않으면
그 사람이 보이지 않습니다

아무리 높은 지위를 받아도
그 마음이 낮아지지 않으면
그 사람은 사랑을 얻지 못합니다

아무리 믿음이 강한 사람이라도
그 마음에 맑은 영혼이 없다면
그 사람은 축복받는 삶을 살 수 없습니다

마음이 어디에 가 있는지
마음을 어떻게 쓰고 있는지
행실을 보면 환히 들여다보입니다

마음의 눈을 뜨고
세상의 길을 걸어가면
바라보는 모든 순간이 향기롭습니다

마음 때 벗겨내기

어제까지 모아 둔
잡동사니 쓰레기를 한꺼번에
골목 밖에 내다 버렸다
온갖 쓰레기 폐휴지, 비닐, 병, 고철 등…
집안이 깨끗해졌다

온갖 물건을 내어 버리듯
마음도 싹 정리하고 싶을 때가 있다
세상 집착과 원망, 미움과 질투, 시기, 물질과 명예 욕심 등
나를 힘들게 하는
모든 마음의 때를 몽땅 버리고 싶다

진작에 내버려야 할 것
미련과 우둔함에 버리지 못함은
아직도 세상눈을 뜨지 못함이다
버려야지, 새 물건 채우지 말고
비워야지, 새 마음이 차오르게
마음 열고 눈을 떠야
세상 큰 문을 두드리지 않을까

그늘 꽃

내가 손을 잡아줄 때
그는 다가왔다
내가 밀어줄 때
그는 세상을 보았다

그늘 꽃 피우기 위해
마음 밭을 일궜다
아픔과 사랑을 보듬어야지
그래, 기다려야지
수많은 날이 까맣게 지나갔다
여린 꽃 한 손에 잡고
아린 눈물 시리도록 닦았다

영혼의 샘물 사랑의 연단
마음 빛, 꽃물이 들었을 때
네 마음이
나에게로 들어왔다
기다림보다 다가가서
흔들며 피는 꽃은
백합꽃 향기보다 예뻤다

저만치 달아났다

벚꽃 향연 햇살 아래
작은 연분홍 엽서 한 장 꺼내어
쑥~ 미끄러지듯 내밀어
사랑한다고 전하려니
가슴은 콩닥콩닥
얼굴은 빨개지고
애정의 꽃눈 밤을 지새우고
마음은 콩닥, 발길은 저만치 달아났다

봄빛에 싱숭생숭 꺼내 읽고
추억이 그리워 다시 찾고
울고 웃고 토닥토닥
지난 추억 깊은 연정 파르르
삶의 고비마다 자린 세월
가슴은 울컥울컥
마음은 청춘인데
세월은 저만치 달아났다

바다야

무언의 시간이 지나갔다
보일 것 같아
찾을 것 같아
수평선 너머로 달려온 세월 앞에
밀려오는 삶의 큰 너울 속으로 반갑게 맞는
네 손길이 고맙구나

세파에 고된 삶의 순간들이
해파랑 물결 위로 나부끼고
기약 없이 스치는 하얀 파도 속으로
인연들의 소소한 발걸음이
파랗게 다가오는 너의 손길이라 믿었지
세상은 변하고 거품처럼 없어지는
밀물과 썰물의 교호함이 너의 외침이라면
고요한 침묵의 일출을 맞이하리

평탄한 인생은 공덕의 삶 흔적들
남기고 간 자리마다 햇살 빛을 드리우고
해안 길에 내려놓은 자욱한 해무 속
부서지는 파도가 가슴을 두드릴 때
수평선 멀리 마음에 벽을 열어
혜안의 눈빛으로 세상을 향했다

마음 챙김

마음 한 점, 날마다
단단히 채비를 잘해야지
매일 같이 기도하고
나서는 발길

돌아서면 또 그 행태
생각에 고삐 풀린 날들 앞에
세상을 바라보는 사연마다
불안과 고통의 날 연속이지

치유 감정 카드, 하나씩 꺼내고
색안경 하나씩, 바꿔쓰고
몰입하며 달려가는 길목
제멋대로 사는 것 좋다지만
마음 한구석은
언제나 좌불안석

모순이 반
인생 이치理致 반
마음 챙김, 길을 나서는 매일 약속
그래도 마음 치유
기도하며 살아야지

하조대 추억

내 마음의 고향 하얗게 밀려오는 그 발길에 숨을 돌린다
동해 하조대 백사장에 햇살이 따갑다
세상에 얽힌 조가비들의 사연
모래사장에 밀물처럼 파고들고
피할 수 없는 사연과 그리움
너울처럼 펼쳐지는 바다를 바라볼 때
동해의 물결이 가슴을 쓸어내렸다
태백산을 넘어온 눈보라가 그렇게 차갑고 매서울 줄이야!
해변 물길을 따라 해풍을 맞으며
걷는 이 발걸음에 추억이 스며든다

한때는 수평선을 달려가는
무한한 꿈들이 푸른 빛으로 세상을 포효했지
고만고만한 사연들이 백사장에 거품처럼 밀려와
가슴을 톡톡 때리고 사라져 버렸지
휑하니 창공을 나는 갈매기들을 손짓하며
한 줄기 빛의 실마리를 찾았고
비행하는 갈매기들의 향연에 꿈같은 세월 파랗게 물들었지
시련의 발길은 해안 절벽으로
예쁜 해당화를 곱게 피웠다
청춘은 파도에 실어 달아났지만
밤바다에 아린 삶의 별밤 꿈들은
추억의 빛이 되었네

텃밭에도 빛깔이 있다

텃밭에 작은 꽃밭을 만들었습니다
파란 하늘 가득히 피어날
알록달록 여러 꽃잎을 생각했습니다
봄을 기다리며 피어난
파란 하늘 아래, 들꽃의 모양새는 예뻤습니다
난, 가만히 들여다보았습니다
고만고만하게 맺힌 꽃잎이 앙증맞기만 합니다

작은 꽃잎마다 사연들이 새록새록 물들어 갑니다
돌아보면 걱정이 더 많았던 날들입니다
가뭄으로 싹이 트지 않을까?
너무 깊이 심어 묻히지 않았을까?
비바람에 넘어지지 않을까? 가만가만 속삭였습니다
둘레둘레 환한 얼굴을 내밀며
그들은 자기 자리를 찾아 예쁜 꽃을 피웠습니다

서로서로 의지하며 꽃은 자라며 저마다의 빛깔 내었습니다
비바람에 부딪어도 향기는 변하지 않았습니다
아홉 개를 다 주고도 한 개가 부족한 듯 소담스러운 마음
작은 마음 꽃밭에 담아 봄날을 밝혔답니다
내 발걸음 소릴 듣고 피어나는 꽃들을 바라보며
들창, 이슬 보석 무지개처럼 떨구어 가는 마음으로
그늘진 이웃을 살며시 초대하렵니다

동치미

농사는 하늘이 내려주는 것이야
가뭄에 메말라 가는 아버지의 허기진 말씀
누런 벼 대신에 논바닥에는 웬, 무란 말인가
흰 바지를 걷어 올리듯 가뭄 끝에 가을맞이
우뚝 자란 새파란 무, 논에 가득했다
한 개씩 뽑을 때마다 시름은 깊어지고
하얀 서릿발에 가슴 응어리 깊어진다
논둑 골마다, 하얀 무 널브러지면
동짓달 주린 배, 긴 밤이 매섭더라

듬성듬성 밥알에 무밥 입안 가득
모락모락 아이들 입김 토해낼 때
목마른 가족 밥상 둘러앉은 식구들
까무잡잡 자글자글 피어오르는 된장 넘어
낮은 짧고 밤은 길어
굴뚝 넘어 장작불에 겨울밤이 타는 세월
그랬던가?
동치미 한 그릇이 그렇게 맛있을 줄이야

기 도

마음을 두들겨 맞아야
지혜의 꽃을 피우고
생각이 앞서니 미움에 상처받고
오롯이 상념에 잠긴 눈물의 바램이라
샛별에 이슬 흔들며
달빛이 길을 밝히는
갈급한 영혼은 두 손을 모았다

시골 종탑의 타종이 세상을 깨우고
타오르는 열망 익어가는 세월
영성의 발걸음이 불을 밝히고
마음 밭에 흘러내리는 눈물의 씨앗
하늘빛에 아린 생명의 말씀
삶에 등불로 걸음걸음
영생의 꽃을 피우리라

하나님의 향기

함께 가는 길에 길목마다 꽃이 피고
삶의 향기가 가득합니다

바라보는 눈길에는 행복과 사랑이 넘치고
발걸음마다 낮달의 웃음꽃이
봄빛 찔레꽃으로 피어납니다

노자산*이 부르는 곳에는 윤슬의 파노라마 둘레로
세상을 창조하신 하나님의 기적과 은총을 누리게 하시고
생명을 깨우는 실록의 자리마다
영적 삶의 감사함을 깨닫는 찬양의 노래 울려 퍼졌습니다

삶의 무게를 저 바다에 뿌리고
나의 시린 눈을 닦았습니다
나의 마음을 내려놓았습니다
열린 가슴은 세상을 밝히고
하나님의 향기를 가득 담았습니다

기도합니다 눈물로 기도합니다
하나님! 가난한 영혼들, 성령의 꽃을 피우는
삶이 되게 인도하여 주시옵소서!

---

* 노자산: 남 거제에 있으며 불로초와 절경이 어우러져 늙지 않고 오래 사는 신선이 된 산이라 부름.

제2부
마음 밭에 꽃씨를 뿌려야지

뒤를 돌아보지 마세요
현실 앞에서 무너지지 않는 마음은
앞으로만 나아가는 용기입니다

지금, 바로
이 순간부터
실천하는 태도입니다

목련꽃

며칠 밤을 새워 기도하는
눈물의 사연
아침 이슬을 머금고
하얗게 꽃잎 봉우리를 내민다

겨울 한파에 시린 사연
바람이 남기고 간, 아픈 가지마다
갈급한 영혼의 간절함
햇살에 몽실몽실 피었다

봄날은 언제나 마음 밭에 있든가
기도와 영성의 찬양이 움트는 날들
십자가 종탑에 울려 퍼진 찬양의 발길
하얀 꽃잎에 눈물이 맺혔다

해마다 봄을 타고 신음하는
내 마음 먼저 알아보시는 주님!
살포시 번져오는 옥합 향기
꽃잎 사연 겹겹 사르르 물오르듯 피는
성령의 말씀이 이토록 아름다운지요

생명의 말씀

멈추어야 할 때, 지금
모든 일이 일사천리로 나아가는 길목이라
세상 모든 일들이 막힘이 없었다

나아가야 할 때, 지금 일어서야지
시련의 문턱에서 좌절하고 방황하는 길목이라
세상 모든 일에 푸념과 좌절과 실패로 도전할 때이지

돌아봐야 할 때, 지금 바로 바라보아야지
부딪치는 일마다 뜻대로 되지 않은 길목이라
가고자 하는 길에 방향이 바른 것인지 두들겨 보아야 한다

나이에 맞는 때를 안다는 것은
삶의 방향성을 터득하는 일이다
시기를 알고 지혜를 깨우칠 때
발걸음도 가볍지 않을까
시련 없는 삶이 어디 있을까?
가끔은 조금 쉬었다 가는 길목인데
세월이란 끈에서 초연해지지 않으니
생명의 말씀 목에 걸고 살아야지
천천히 가도 바른 방향으로
가는 영혼의 말씀 아니든가

감사 일기

소소한 일상을 감사로 여기며
부족한 것에 나를 칭찬하며
주어진 것을 은혜로 받아들이는
매일매일 쌓아가는 공덕^{功德}의 삶

남들보다 나를 바라보면서
일상의 삶에 행복을 느끼는 것
소학행의 습관이 기쁨으로 충만한 삶
행간을 밝히는 내 마음의 향연

하루의 쉼표를 찍고
감사한 일들을 조목조목 적어 내려가는 밀알의 시간
내일의 다짐이 펼쳐지고 기쁨과 감사가 넘치는
마음 챙김의 작은 치유 공간

짧은 하루가 일상의 삶이 되고
누적된 감사의 삶이 습관이 되고
밝은 태도가 인생을 바꾸는 힘이 된다
마음 밭에 충만한 삶은 기적을 낳아
희망이 없던 사람, 가진 것이 없는 사람도
감사의 삶이 연속되면
안분지족의 축복된 삶이 되리라

달빛 바다에 눈물을 훔쳤다

울지 말아야지 울지 말아야지
혼자서 울지 말아야지
주먹다짐하고 돌아서는 함수 깃발 앞에서 입술을 깨물고
수평선 백파白波가 일렁이는 바다를 바라보며
인생의 갈등과 고뇌의 순간 품고 달려가는 항행의 밤바다
함교 현 측 한쪽에 기대어 달빛 바다에 눈물을 훔쳤다

해무가 가득한 인천 항로
황사가 뿌연 서해 격렬비열도 함상에서
낮달이 한 달 가고 저 달빛 차는 순간 기다리며
그리움에 잊어가는 아이들 얼굴
금방이라도 달려가 보고 싶은 가족 얼굴
저 멀리 연안 불빛이 사그라지는 시간
뱃고동 함성만 새날을 밝혔다

바다의 시간은 일출과 일몰의
만남과 이별의 가슴 태우는 날
광활한 바다, 파도 소리 현 측을 때릴 때
달님을 불러 시詩를 쓰고 별빛을 세어 그리움 달래는
오직, 삶이라는 청춘 항해 기약이다
지루한 항행의 긴 날은 진해항의 부둣가
금방이라도 나타날 것 같은
기다림이 설렘으로 가슴을 태웠다

가을 동화

동해의 양양, 하조대 해안 바닷길
소국(小菊)이 작은 분교를 감싸고
모래밭 솔숲 사이 달이 뜨고
백사장에는 사랑이 뜨겁다
하얗게 밀려오는 파도 소리
밤이 이슥해야 물빛이 반짝거렸다

해당화 빨갛게 해안 길 돌아서고
두 손 잡은 발길 따라 갈매기 춤춘다
소담스레 핀 노란 들국화
소녀의 얼굴 가을동화가 되었다
순정은 그리움의 약속과 눈물이든가
밀려오는 파도 소리
해안 바다 추억을 안고 익어갔다

7번 국도 기사문항에 밤바다 출렁이고
항구 따라 길게 늘어진 어항의 돌담집
함박눈이 봄꽃을 밀어내는 어선의 깃발
한 편의 동화 같은 눈꽃이 피었다
뱃전에 소복이 쌓인 눈발 사이
가로등 불빛이 삶에 고단함을 밀어내고
눈송이 펄펄 옷깃에 3·8선 순정의 밤
십자가 종탑 위로 빨갛게 물들었다

지금, 바로

어둠 속에서도
캄캄한 절망 속에서도
빛은 세상을 밝힙니다

삶이 무너져도
실패가 앞을 가로막아도
희망의 끈을 놓지 마세요

내가 나를 이기지 못하면
누군가 일으켜 세울 줄 것이라
의지하는 나약함을 선택하지 마세요

뒤를 돌아보지 마세요
현실 앞에서 무너지지 않는 마음은
앞으로만 나아가는 용기입니다

지금, 바로
이 순간부터
실천하는 태도입니다

내 탓임을 알아요

멀어지는 기억을 잡아 두지 마세요
뒤를 돌아보지 마세요
얼마나 많은 일들을 잡아 두려 하나요
마음속에 이지러진 날들
삶의 순간들을 무너뜨리는
과거의 일들을 무시하며 살아요

자전거 페달을 밟고
한발 한발 계단을 오르는 심정
바람이 불어오는 대로
비가 내리쳐 앞을 보지 못해도
짙은 눈보라 휘몰아쳐도
페달을 힘차게 밟고 올라서는 그 자리
올라가는 거기까지만 나의 삶이지요

이 순간이 얼마나 소중한가요
따스한 햇살이 창문을 열어 주고
살가운 바람이 하루를 반기며
무심코 지나가는 일상의 일들
아름다운 순간, 위대한 삶임을
길섶에 핀 꽃들이 말해 주지 않나요
헛된 상념으로 나를 묻지 마세요

돌아보니 삶의 순간들은 내 탓입니다
우리에게 생긴 일들이 너의 탓이 아니라

온전히 받아들이려 하지 않은
내 탓임을 지극히 알아야 해요

삶의 신호등 앞에 서다

잠시 쉬어가자 그렇게 급한가?
힘에 겨워 삶에 지칠 때 가는 걸음 멈춰보자
신호등 앞에 멈추듯이 횡단보도 하얀 선 공간에
잠시 뒤로 물러나는 인생 여백
가던 길 멈추고 길게 줄을 내어
빨간불 직시하는 삶의 고백들 앞에 멈춰보자 기다려 보자

가물가물 깜빡깜빡 흐려진 순간들
너무나 빠른 세상에 나의 길을 멈추는 것은 황색등처럼
근시안의 순간들이다
육신이 아프다 온몸이 내려앉는다
잠시라도 쉬지 않으면 부서질 것 같다
영·육 간에 생활의 균형이 깨져간다
시간 틈새를 내어보자

인생이란 바다의 출발점의 시작
파란 바다 수평선 넘어 생각들이 날아든다
녹색등 앞에 활짝 피어나는 꽃길 사연
현실 직시로 세상을 끌어안고 나아가는 것이 정답이다
한발 물러서 바라보았던 심미적 눈빛
더 멀리 더 건강하게
나아갈 수 있는 마음의 자물쇠를 열자

풀꽃 교실

아침 출근, 햇살 머금은 산길
연초록 숲속, 고요 숲길을 걸었다
봄빛에 물든 산 꽃그늘 사이
눈웃음 머금는
산벚꽃, 제비꽃 앞에 멈췄다

풀꽃 송이 한 묶음 손에 들고
작은 교실 뒤쪽 구석에
올망졸망 물병에 꽂아 두니
교실 한구석이 환하다

수업 시간 꽃잎 향기에
친구들 눈빛도 초롱초롱
우쿨렐레 화음 따라
흔들거리며 미소 짓는
장난꾸러기들이 미쁘다

들꽃보다 순박한 얼굴
아카시아 향기 교실을 적시고
노란 책상 둘레둘레
수줍은 친구들의 얼굴들
환한 꽃잎 사연들
알록달록 이쁘더라

봄빛에 타는 마음

봄빛을 타고 마음 달래는 날
산비탈 양지쪽에 핀 하얀 찔레꽃
애달픈 누님의 소리가 들립니다
연초록 찔레 순 꺾어 한 입 입안에 물면
새큼한 단물에 눈물이 납니다
노랑나비, 흰나비 이리저리 날아다니면
돌담 아래 심어 놓았던
채송화, 봉숭아, 살구꽃이 아른거립니다
봄의 햇살처럼 순진한 유년의 추억
세월의 돌담 향기에 가슴 먹먹합니다

고즈넉한 농촌 마을 뒷산
초가집 굴뚝마다 연기가 피어오릅니다
논배미 저 끝 구석에는 조팝꽃이 하얗게 피었고
개구리가 밤새 울어대면 잠을 설칩니다
들녘 일을 마치고 지게를 지고 오시는
아버지의 어깨 위에 피어난 진달래 꽃송이
새콤하게 맛있어 대문으로 달려갔답니다
5월이 되면 밀밭 십자가 종탑 언덕
버들 바람 보리밭길, 봄 내음이 고향을 부릅니다

세월이 가면 나이를 거꾸로 먹는가?
산바람 길게 봄빛을 지고 오는 날
장복 뒷산에 진달래꽃, 찔레꽃 살짝 손을 내밀어
입안에 넣고 오물오물했답니다

빨갛게 물오른 산딸기도 신 것 마다하고 한 입
알싸한 맛이 추억의 꽃을 피웁니다
오늘 하루
봄빛에 타는 내 마음 그을렸답니다

바람 소리 듣는다

바람이 전해 준 사연들
가슴을 타고 울릴 때
석양 햇살이 길게 드리운 날
홀연히 산에 오르며
대지가 빚어내는 숨소리 듣는다

밤은 깊어지고, 길은 험해도
어둠은 별빛을 밝히며
삶의 모순으로부터 생각의 지혜를 더했다
인생은 살아가면서 깨닫는 삶의 순간들
수평선 넘어 긴 여울 파도 공간 속으로 달아나는
암흑의 긴 터널을 건너는 여로旅路

그늘의 굴레에 말없이 침묵하며
세찬 세월 앞에 가슴을 후려친다
힘에 겨운 잔가지 바람에 부러지고
새봄이면 늙은 가지에도 싹이 삐져나듯
모진 삶의 언저리에 희망은 싹튼다

인생 행간으로 삶의 언저리 중심에
바람 타고 스며든다는 어른 말씀
지나온 걸음마다 산 역사의 거울이 섬뜩해지고
작은 바람 소리에도 발길을 멈춘다

삶의 묘미

봄빛에 성스러운 연초록빛 나뭇잎
바라만 보아도 포근했다
봄의 들녘으로 아기자기 피어나는
이름 모를 꽃들이 풍기는 향기
어둠을 걷어내고 힘차게 달리는
집착의 허물을 벗어 버리는 창연의 들길
듬성듬성 풀숲에 맺힌
이슬비에 젖은 소 풀 망태기가 아련하다
여름밤 소낙비 지붕 처마 끝
낙숫물을 토닥토닥 받아 까만 얼굴을 씻는 손끝
가족의 행복 마중물이었다

햇살이 전하는 손끝의 미덕은
아침을 밝히는 마음 창에서 시작되고
세상 빛깔을 담아낼 수 있는 귀한 사연
세상을 여는 발길의 자각으로 태어났다
혹한의 보리밭에 핀 파란 싹들
밀알의 순간들이 얼마나 행복한 것인가
한 알의 곡식이 익어가듯이
삶의 묘미들이 하루하루를 담금질할 때
흙탕물 속에 고인 연꽃이 아름답듯
한 입씩 떠서 음미해 가는 삶
짠맛 나는 세상 간을 치듯
한낮의 소소한 일상에 맛깔을 내야겠다

고목 아래서

생태공원 팽나무 고목 늙은 뿌리
탄탄하게 땅을 파고든다
뿌리가 땅을 움켜쥐고
삶의 한가운데를 관통하고 있다
살빛 여울 핏발처럼 파고드는 발길
길목 삼아 짙은 그늘을 드리운다

태풍이 불고 풍파가 깊을수록
세파에 짙은 고뇌를 다독이고
잔가지가 몸부림을 쳐도
의연하게 번뇌의 하안거夏安居에 내려놓고
잔잔한 호수에 마음 한 점
윤슬처럼 내려앉았다

고단한 별빛을 가슴에 품고
그리운 날들이 호수에 찰랑인다
살가운 뿌리를 인생 뒤안길에 숨기듯
달빛에 가려진 그늘의 벽 시간을 담는다
세상이 아무리 험난하여도
바람의 언덕을 고스란히 끌어안고
오직 물빛의 적요함으로 손짓하며
생명의 갈급함에 길을 밝힌다

아내

오늘 저녁 찬 바람이 보통 아니네
내일 아침은 강추위, 전국이 춥데요
진해에도 얼음이 언대요

새벽 기도를 나서는 아내에게
잠자리 들기 전에 띄운 마음 사다리
은근슬쩍 겁이 나서 한 말을
아내는 마음에 새겨 두었을까

새벽달이 유난히 새초롬하다
눈썹달이 한파에 스산하게 산 위에 걸치고
두텁게 입은 방한복 차림의 발걸음에
차의 엔진 소리는 둔탁했다

아내의 발걸음이 대문을 나서고
두터운 방한복에 목도리 눈만 보였다
하나님 말씀에 하루가 시작되고
눈물의 기도에 세상눈이 밝았다

생명의 길

떨거덕, 대문이 밀리는 소리
얼굴이 빨갛다
샛별이 앞산에 초롱초롱
엄마의 종종걸음이 바쁘다
시린 가방 속, 빛바랜 성경책
까맣게 그어진 성경 말씀
눈물이 하루를 깨운다

청보리밭 들녘으로 타종 소리
어둠 마음에 빛을 밝히고
허기진 봄날은 찔레꽃도 맛있다
낡은 종탑 두 손 모은 갈급한 세월
사랑으로 길어 올리는 영성 기도
한 계단 한 계단
생명의 길을 열었다

봄날이 오면

봄날이 오면 혹한 겨울날들을 털어 버려야지
저 멀리 양지 들녘으로
들꽃이 앞다투어 피는 논둑은
더 보기가 싫어 쏜살같이 달려 나갔다
엄마가 부르는 소리가 귓전에 생생해
눈물부터 나니까

풀 냄새 피어나는 언덕
초 저녁달이 뜨면 마을 둑, 길섶에 앉아
개구리 우는 소리에 가슴이 먹먹하다
찔레꽃 향기가 코끝을 스미는 날
동네 뒷산으로 번진 굴뚝 연기
바라보는 것만으로도 배가 고파
삐삐 한 움큼 입가에 물고
달짝지근한 맛에 배가 불렀다

초저녁 앞산에 둥근달이 뜨면
가난의 굴레 엄마 얼굴 스치고
무 서리 내린 신작로 읍내 장터
새벽 시장이 열렸다
장터 장작불 뜨끈한 시래기국밥
발을 동동 구르며 먹는 눈치 국밥 한 그릇
서럽도록 그리운 날들이 아린다

아들아

아들아, 네가 세상에 태어날 때 기뻤다
이제는 사회인으로 당당히 생활하는
건장한 모습을 보니 한없이 고맙단다

작은 일에도 성실히 임하고, 큰 꿈은 아니어도
너의 노력과 열정으로 세상을 아름답게 보며
평범하게 산다는 것에 박수를 보낸다

사람 속에서 나를 더욱더 사랑하고 아끼며
남에게 피해를 주지 않는 따뜻한 마음과 믿음으로
너의 작은 소망이 실현되기를 바란다

아들아, 너의 미래는 너의 손에 달려 있단다
네가 생각하고 행동하는 모든 것은
지혜로움과 무한한 집념으로 최고보다는 최선을 다하여라
이 시간, 오늘 일터에서 만나는 모든 이가
너의 든든한 후원자임을 알고 정성을 다하거라

때로는 실패와 좌절로 무너질 때도 있단다
그것을 전화위복의 배움의 기회로 삼고
다시 일어날 수 있는 용기를 가져야 한다

아들아, 세상에 물욕과 명예, 고된 삶의 굴레에서
신체적 정신적으로 무너질 때
나를 바로 세우고 영성으로 나아가는 길은

조용히 기도하는 것이요
삶을 성찰하는 지혜란다

돌아가는 길

하얀 서릿발이 신발에 뽀드득 소리 내는 날
비봉산 새벽달이 더 밝다
반짝반짝 별빛이 들길을 밝히는 날
어머니의 고무신 한복이 찰랑인다
동리 바둑이가 잠에서 깨어 아침을 깨우는 새벽 둑길
잠에서 깬 아이의 발걸음이 재빠르다
찬 바람이 얼굴을 때리고 코끝이 시큰한
울퉁불퉁한 신작로 길이 이렇게 멀 줄이야
돌부리 읍내, 10리 장터
갓길 먼지 길, 시장터 한구석에 아침 먼동이 붉게 타오른다
난, 끌고 엄만 밀어 구석진 장터
가을 김장 하얀 무, 파란 잎 30단 나란히 얼굴을 내민다
시장 한 모퉁이 노점露店, 돌담 옆 엄마 장터
어머니가 손님을 부르는 소리에
얼굴이 빨개져 뒤돌아섰다

"무~ 사세요. 맛있어요
막 빼어온 무는 갈치 국거리에 좋아요."
"헐어요, 싸답니다 한 번 와 보세요."
이보다 더 깊은 지혜의 말씀을 들은 적이 없다

무 김치 담는 날, 마음이 울컥해진다
삶의 그늘이 있기에
나는 돌아가는 길을 알았다

제3부
삶의 향기 그윽하게

매일 나를 세우는 기도의 삶
마음 밭이 힘들지라도
멈추지 않는 것이리라
깊은 바다는 잠시도 멈출 때가 없다
바람이 불지 않으면
내가 달려가면 되는 것이 삶이지

인생의 닻

혹한의 바람과 파도가 밀려올 때 그의 손길은 강했다
바람이 잔잔할 때 햇살 바다에 무디어
그 그늘의 소중함을 잊고 산다
세상은 온통 앞만 보인다
세찬 폭풍우 몰아칠수록 인생 깊이 더하고 심장은 요동친다
폭풍우 밀려오는 서러운 날, 세상 요란하나 밤빛은 더 밝다
바람이 거셀수록 황천의 파도를 끌어안고
당신을 위해 한 몸 불사른다

산 같은 파도에 묻힌 순간 생각의 담에 막혀 숨을 죽였다
뻘밭 속에서 내 몸을 맡긴 채 한숨만 조용히 내쉬고 있다
바다가 평온을 맞이하는 순간을 기다렸다
오직 그대의 몸짓에 기대어 혹독한 밤이 지나가길 기다린다
해풍이 강할수록 더 찬란하게 뿌릴 내렸다

형언할 수 없는 세월 뿌리 깊은 나무가 튼실한 열매가 맺듯
혼탁한 바람에 흔들려도 세상의 부질없음에 동요 않고
작은 물방울이 거대한 바위를 깨고
뻘밭에 핀 연꽃 더욱 아름답듯
삶의 참맛은 어둠과 빛의 향연
인생 닻이 뿌리내린 심연의 체인
물때를 기다리며 지혜의 닻을 올렸다

장복산

봄빛이 그리우면 장복산으로 갔다
양지쪽 바위 틈새 진달래
붉게 물든 사연들이 곱게 피었다
내 마음 살포시 그대 곁에 앉는다
파란 하늘 새들은 친구가 되고
진해 수로는 추억이 아른거렸다
저 멀리 하얀 백파(白波)를 가르면서
모항을 향해 달려오는 사람들
그들이 살아가는 생의 길목에
짠한 마음, 한 아름 꽃이 피었다

천혜의 미항, 어머니 품 같은 세월이
아득하게 멀리 곰메봉에 높이 어리고
가덕도 등대가 만남과 이별을 달래며
낮달을 밝히는 나날들이 사랑이었다
진해 수로에 뱃고동이 울리는 세월의 날들
이순신의 용맹과 기백이 살아 숨 쉬는 군항
삶이 그대를 잠시 힘들게 하여도
인생 절벽에 강한 희망을 품었다
산길을 쉬어 오르듯 생각의 뜰 앞에
인생 행로 멀어져가면
화려한 적막이 길게 내리고
바람에 기댄 세월, 삶의 언덕이 진해라

'삼포로 가는 길' 노래비에 앉아

진해 명동 해안 구부러진 산길 옆으로
오목하게 들어앉은 삼포항, 조용히 밀려드는
나그네의 사연이 발길을 잡는다
흰 구름이 삼포항을 감싸며 내려앉아
양지바른 햇살, 수군의 봉수대 남해를 바라보는 작은 미항
길손들이 앉았다 쉬어가도 좋은 나그네의 품
마을 입구 길목 옆으로 삼포 노래비
햇살도 있고, 사랑도 있고 삶의 그리움도 스며있다
고향도 불러 보고, 친구도 불러 보고 연인도 불러 보고
추억과 연민이 그리운 사람들
저마다 흥에 겨워 청춘 사연 되새기며
고갯마루 앉아 옛사랑을 불렀다
그 시절은 다시 오지 않지만 누구나 한 번 그때가 생각나는
은빛 바닷가 당신과 나의 보랏빛 추억

청춘의 끝자락 익어가는 세월 앞에
불타는 추억, 그리움의 세월
당신의 발길, 무지개 벚꽃 터널 작은 쉼터
삼포 노래비에 앉아 구수한 애창곡 불러 보고
지친 삶의 언저리에 바람 같은 그리움 달래며
생명 환희 느림의 미학 꽃길
"잠시 쉬었다 가세요."

들꽃의 향기

거기에 네가 있을 줄이야
그늘진 곳, 햇살이 들어오지 않아
가만히 들여다보면 너처럼 예쁜 꽃이 있더냐
손짓하는 곳, 마음이 머무는 곳
그 자리에 네가 있었다
진한 눈물이 뚝뚝 떨어진 날
마음 씨앗이 의지할 곳 없었던 세월
어떤 곳이라도 뿌리를 내리고 싶을 때
내 자리를 채워주고 내민 발걸음
넌, 그 자리를 지켜 주었지

거기가 바로 네가 설 자리이구나
양지와 음지가 있더냐
바람의 세월 비탈 언덕에 피어
누구든지 햇살 손길 내는 네가 아니든가
삶이란 울타리 내어놓고
어디든지 뿌리내리던 날 난, 너에게로 다가갔지
내 삶이 어둠에 신음할 때
넌 내 옆에 다가와 미소를 지었지
말없이 다가와 손을 잡아주었지
흔들려도 그 변함없는 세월
마음을 버리지 않는 네 영혼
한 송이 작은 들꽃의 향기

디딤돌

작은 돌을 딛고 건너야 물길의 흐름을 알 수 있나
실개천 아래 물길 따라
흰 구름 한 점 건너가고 있다
내가 누워야 바로 볼 수 있어
내가 엎드려 세심히 들여다보아야
아른거리는 물살의 속도를
바르게 바라볼 수 있는 것

누워봐야, 엎드려 보아야 깊이를 가늠하지
건너야지, 내가 산다
내가 움켜쥐고 고통을 잉태하는 순간들
한 점 한 점 길이 된다
한 개를 놓고, 물살을 잡아야
또박또박 길을 열 수 있다

휘몰아 흐르는 저 물길을 바로 보아야
사력을 다한 실낱같은 풀포기의 의지
그 속을 들여다볼 수 있지
세찬 물줄기를 잡아주는 것
남은 것은 둥근 돌과 강인한 뿌리
그래, 세상은 겉치레의 아우성 속
다리가 되어 준다는 것
돌 한 개를 놓아준다는 것

멈추지 않는 것

뭔가 잡힐 것 같은 길 위에 서 보라
그 길 위에 인생 지도를 그려보라
보이는가?
참고 참았던 눈물이
확 쏟아져 내렸던 순간들이 스친다
아직 가지 않는 길을 낸다는 것에 안간힘을 다했지
돌아가면 어때
천천히 가도 불을 밝히는 날들이 있다면
살아간다는 것은 마음속에 꽃을 피우는 일
그래, 끝까지 달리는 것
그 꿈을 응원하고 우산을 받쳐주는 손길이지
그 길 위에
눈물이 미어지게 애잔한 날들이 울컥 솟구친다
톱날처럼 아물고 지나갔던 사연들
얼어붙은 삶의 언저리 한 자락
세찬 바람이 불어도
해일처럼 거세게 몰아치는 어둠의 항행
매일 나를 세우는 기도의 삶
마음 밭이 힘들지라도
멈추지 않는 것이리라
깊은 바다는 잠시도 멈출 때가 없다
바람이 불지 않으면
내가 달려가면 되는 것이 삶이지

아버지의 지게

산 뻐꾸기 지저귀면 봄은 익어가고
동리 앞 개울가 시냇물 흘러
봄빛 내려앉은 처마 끝, 마루에 걸터앉아
사립문만 바라보았다
싸리문 미끄러지는 소리
쏜살처럼 달려가 대문을 활짝 열었다
아버지 바지게 짐 머리 위
진달래꽃 한 다발 피었다

휘어진 등 허리 사이
얼굴에 맺힌 구슬 같은 땀방울
냉수 한 그릇 들고
재롱부리던 봄날이 그립다
진달래 솜사탕 입안 가득
보릿고개 넘어가던 시절
꽃잎 속에 맺힌 추억 사무친다

파란 들녘 너머로 들려오는 아버지의 음성
진달래꽃 불타는 4월이 오면
산빛에 불타는 가슴 글썽인다
장복산 붉게 물들이고
생태공원 뻐꾸기 우는 날
아버지의 지게가 그리워 잠을 설친다

당신의 마음

황무지에 꽃밭을 만들었습니다
파란 하늘 가득히 피어날
꽃잎들을 생각했습니다
씨앗과 잎 새는 달라도
큰 하늘 아래 들꽃의 모양새는 고왔습니다
난, 가만히 들여다보았습니다
이슬에 맺힌 꽃잎이 예쁩니다

돌아보면 걱정이 더 많았던 날들
가뭄으로 싹이 트지 않을까?
비바람에 넘어지지 않을까?
행여나,
마음고생으로 너도 이 세상에 묻히지 않을까?
고심하며 보낸 세월들에
꽃들은 저마다의 빛깔을 내었습니다

심은 대로 거두는 것이 진리랍니다
사랑은 말없이 마음속을 물들입니다
뜨거운 가슴은 가을을 여물게 하였고
굴곡진 삶의 언저리에 향기는 변하지 않습니다
아홉 개를 다 주고도
한 개가 부족한 것이 당신의 마음이지요

잠시라도

앞만 보고 달려가고
빨리 달려가려고
앞만 보고 달아나는 것이 인생이다
내 길만 보일 뿐이지
아니, 일상을 돌아볼 겨를이 없는 것이다
숨이 차다 목구멍에 삶이 차오른다
먹고살기 바쁜 것
오직 삶의 굴레에 묻혀가는 것이다

천천히 걸어가면 세상을 보고 지혜를 얻는다
어떻게 살아가야 한다는 것 보인다
사람이 보인다 방향도 보인다
누군들 그렇게 살고 싶지 않을까?
떠밀려 가고 멀어져 가는 세상
눈 깜박할 겨를없이 지나가는 인생사

소학행의 삶이 보일 수 있게
멈춰보자, 가끔은 나를 들여다보자
길 위에서 방향을 두드려 보자
걸을수록 질퍽하고 가난할수록 가슴을 열어
삶의 향기 핍진함의 가을 길목에서
잠시라도 멈춰보자
낙엽 속에 묻힌 세월 나목裸木의 숨소리

모난 돌

가마솥더위 펄펄 끓어오르는 일터
소낙비 쓸고 간 자리
길섶에 핀 꽃들이 목을 적신다
긴 가뭄에 목줄이 말라버린 돌쟁이 하루 벌이
아들과 한 조 되어 무너진 둑을 쌓고
내려치는 쇠망치에 가슴이 달아올랐다

내 한 몸 보다, 네가 더 귀한 것
손때 묻은 망치 들고
석축을 쌓는 작은 체구 주름 가득한 어르신
이쪽도 후려치고 반대쪽도 후려치고

"모난 돌 작은 것, 주어 줘이소 고마바요
큰 축대에 틈새 돌은 이만치 좋은 것 없다오
작고 얇은 돌이 꼭 있어야지요
하마, 그렇지 요긴한 것, 멀리 있지 않아요."

찬 막걸리 한 잔이 더위를 식히고
쓸모없는 모서리 돌이 큰 돌을 받히는 세상!
육신은 가난해도 마음은 넉넉해
모난 돌이 들어가는 사이사이
돌망치 소리가 마음을 때렸다

해운대 바다

하얗게 부서지는 해안선 언덕
밀물의 움직임 속에 물보라를 톡톡 두드리며
백사장에 연거푸 가슴을 풀어 헤친다
빨갛게 달아오르는 낮달 얼굴에
시원스레 소낙비가 쏟아진다
해변 바다는 청춘의 은빛 방울
꽃이 피어나듯 파란 물결 위로
방울방울 튀어 오르는 사랑 얘기
지나간 추억들이 마음을 쓰다듬고
파도 위에 그려진 사랑이 수평선을 달렸다

인생은 익어갈수록 바다는 넓어지고
파도 소리 향기는 달빛에 물든다
갈색 추억들이 해안선 불빛을 밝히고
해운대의 사랑은 인생 불꽃으로 타들어 갔지
밀물과 썰물이 빚어놓은 사연들
걸음걸음 삶의 등대 불빛이 되었다
누리마루 동백꽃 붉게 물들면
오륙도의 등대가
젊은 날의 밤바다를 품었다

여름 맛

매미 소리
바람 소리
개울물 소리
돌돌돌 졸졸졸
내 귓전에 들려오면
푸른 들녘 곡식들이
땀방울 소릴 듣고 자랐지

손칼국수, 수제비, 열무김치
둘레둘레 작은 밥상
투박하고 구수한 여름 손맛
호박잎에 된장 보리밥
엄마가 내어놓은 가족 밥상
사랑은 둘레둘레 피어났지

한여름 더위 가족들이
모깃불에 둘러앉아
가물가물 흔들리는 등잔 밑으로
밤늦도록 타들어 가는 눈꺼풀
밤이슬에 잠이 드는 멍석 위로
아이들은 새록새록
행복은 별빛처럼 쏟아졌지

그 길을 찾는다

어디로 돌아가야 할까?
망설일 때가 한두 번이 아니다
남들이 가라고 하는 그 길
발길 닿는 대로 그냥 가면 될 것
나를 위안할 때가 더 많다
때로는 한 치 앞을 바라보지 못하고 걷는다
"세상일은 다 그렇지" 하며 자평하고
이정표가 없는 산길을 가는 나그네
대로大路가 있어 샛길도 있는 법
숨은 길 찾는다는 것, 가볍게 바라볼 일 아니다

때를 만나거든 멈추어라
가만히 들여다보면 보일 것이다
가던 길 멈추고 마음을 낮추면 잘 보일진대
내 삶의 샛길 돌아보면 보일진대
삶에 묻혀 그런대로 달려가는 인생
순탄하길 바라는 것은 욕심이다
정도正道가 원칙이고 방향이지만
돌아가면 더 먼 것 같아도
샛길을 찾는 마음은 갈급함일 것이다

겨울 살얼음, 보리밭을 다지는 심정으로
혹한의 햇살 아래 새봄을 기다리는
쓰러지듯 힘차게 피어오르는 청보리밭의 물결을 바라본다
발길 닿는 곳에 인생의 묘미를!

탁 한번 무릎을 치고 깨닫는
꽃이 피어야 잎이 선연하다는 진실함
인생 향기 그늘 빛의 감사함을 붙들고
세상 빛이 머무는 그 어둠 길
간다, 그 길은 오직 나의 길

산길을 오르며

쉬었다 가게
잠시 물 한 모금 적시며
쉬었다 올라가게
정자 옆, 풀꽃 이쁘지 않은가?

뭐 그리 바쁘게 오르는가
산봉우리 우뚝 선 자린, 바람 차다네
산새 소리도 듣고
바람 소리도 듣고
세월 가는 소리도 들어보게

바쁘게 달려온 고단한 인생
쉬었다 간들 누가 잡을까?
한숨 돌린 발걸음 더 가볍네
먼바다 수평선 항행의 인생
지혜의 물길 들여다보게

나눠 먹기

큰 나뭇가지에 옹기종기
까치 한 쌍
가로수 전깃줄에 올망졸망
까마귀 한 쌍
즐겁게 놀고 있다

텃밭에 심어 놓은 토마토, 고추, 딸기, 보리수, 복숭아, 살구
봄볕에 잘도 자란다
따가운 햇살에 먹음직스럽게 익어갔다
고랑을 두텁게 만든 만큼 열매도 튼튼했다
산 숲 아래 자그만 텃밭, 새들이 노래했다
나도 한 가족이라고 끼어들었다

발갛게 익은 과일 먹음직스럽다
내일 따 먹어야지
새들이 먼저 날아와 쪼아 먹었다

"참 얄밉기도 하네, 그 녀석들"
네가 반, 내가 반
나눠 먹자, 올해도
그래, 너도 한몫했다
네 노래가 없었다면
이렇게 맛있게 익었을까?

누이야

모내기, 새참을 머리에 이고
중님 고갯길 넘어오며
손을 흔들던 엄마 같은 누이야!
삐삐가 맛있다고 곤두마 밭머리에 앉아
어깨 맞대고 도란도란 파란 하늘
보리피리 불던 그 시절 잊었느냐
누이야! 누이야!
천수답 겨울 청보리밭이
봄바람에 출렁이며 초록 고랑에 얼굴 묻고
보리 술떡 허기진 배를 나누던 누이야
먼 산 소쩍새가 소쩍소쩍
뽕 오디가 맛있다며
한 주먹씩 따 주던 그 손길 어디 갔느냐?
웃음 가득 장난 가득
검게 붉어진 5월의 햇살 들녘으로
훨훨 날던 제비들이 보고 싶지 않더냐?
소달구지 덜컹거리며 엄마.아빠 따라
신작로 먼지 날리며 시장 갔던
새 검정 고무신 감춰 두고
들뜬 마음 잠 못 이룬 그 세월 잊었더냐?
소 풀을 뜯어 초가집 마당에 말리던 손길
장맛비 퍼붓던 여름날, 손칼국수 한 그릇에 배불러
툇마루 밑에 숨바꼭질 동생 찾던 누이야
모깃불 연기에 은하수 별빛은 초롱초롱
소록소록 엄마 무릎에 단잠이 든 밤

이슬이 내리도록 밤샘 얘기 풀어두고
장난하던 그때가 그리워지거든 달려오거라
누런 보리밭 들녘으로 참개구리 울고
가뭄 논에 작은 모를 내던 계절이 오면
아픈 가슴 덮어두고 찾아오거라
이 밤을 어디서 잘고?
그 시절, 고향 언덕 덧없는 혈연이여!
그 얼굴 잊고 산 세월
아! 애가 탄다
비봉산 그믐달이 저 산 위에 차면 볼 수 있으려나
이 밤은 깊어 추위는 엄동설한인데
저 하늘 달빛은 저리도 무심할꼬?

안개

해무가 자욱한 인천항
오직 뱃길에는 뱃고동 소리만 들린다
오가는 항로에는
안개로 한 치 앞을 내다볼 수 없다
선박의 선수와 선수가 조우 할 뿐
먼발치로 미끄러져 들어오는
네 몸짓에 경적만 요란했다
항구로 다가서는 입항入港의 만남이
세상을 열고 가족을 품는다
햇살이 품고 지난 자리마다
안개 속에 감춰진 세월이 반갑다

세상도 가끔은 황사처럼 뿌옇게 보인다
한 치 앞을 내다볼 수 없는 일들이 벌어진다
마냥 계절에 숙성되어 내 달리고 있는 것
떠나간 시간의 세월을 끌어안지만
또 그리운 날들은 해무처럼 날아간다
세상을 껴안고 흐르는 강물처럼
바람의 상처 흔적을 남기며 달아나고
굴곡 된 삶의 파편들은 송곳처럼 남는다
깊게 얼룩진 삶의 고백이 세월을 다독이지만
먼발치에서 바라보는 당신의 만남이
새날을 맞이하는 작은 구원이 되었다

눈높이

당신의 눈높이 따라 세상은 보인다지
기어 보아야, 개미가 보이고
아스팔트 열기에 세상 사람 보인다
엎드려 보아야, 낮은 곳이 보이고
고개를 들어야 하늘이 보인다
길섶에 핀 야생화를 보아라
그늘진 곳에 숨어 피는 꽃에
질퍽한 사연을 들어보았는가?

네가 보는 대로
내가 생각하는 대로
세상은 작고도 큰 것이거늘
심안의 깊이를 재어 보았는가?
어찌 안목이 작아서야
큰길을 갈 수 있으랴

내 영혼이 따뜻한 삶은
내 길보다
네 길을 열어 준 작은 마음이지
마음눈의 안경에 맞게 세상도 달리 보이지
네 그릇의 크기를 도공이 영혼을 불어넣듯
가슴을 파고드는 애환일지라도
한 땀 한 땀, 생의 눈빛 향기를 불어넣어야지

현악의 세월

산길에는 시가 있고 삶이 있고
바람결에 현악의 세월이 숨을 쉬고 있다
듬성듬성 뿌려놓은 숲속 선인들의 가야금 향기 울려 퍼지고
산새 노래하는 리듬, 마음 가벼워 발걸음 몇 박자 빨라진다
청명한 가을 하늘 하얀 뭉게구름 손짓에
빛바랜 언덕에는 단풍이 물들었다
삶은 한 줄기 바람처럼 다가와
큰 고갯길을 돌아서 한숨을 들이키고
세월의 무게만큼 아랫도리도 떨렸다
산그늘 타고 인생이라는 짐 지고 내려오는 높낮이에 따라
그늘의 비탈길도 길어졌다 짧아지고
그대와 함께한 사연들이 박자에 맞게 익어갔다
아슴아슴 밀려오는 추억들을 붙잡고
현을 튕기듯 맑은 영상들이 안단테로 높아졌다
가을이 오면, 온몸을 타고 흐르는 주체 못 할 흩어진 사연
단풍잎들을 주워 모으듯이
내 마음에도 노랫말을 붙들고 꽃길을 내어가야지
낮은 곳의 하모니를 혜안의 연주로
사랑의 하모니를 합창으로 만들어야겠다
때로는, 삶이 힘들게 하여도
낙엽 위로 흘러내리는 바이올린의 음색 귀 기울이며
가슴속을 타고 흐르는 인생 노래 울컥하게
한 줄기 삶의 울림의 미학 걸어가리라

제4부
이 순간을 사랑해야지

바람의 소리를 들을 수 있을까?
바람 따라 흘러가는 삶일까
돌아보아도 볕 들 날 없는 세월일까

우리네 삶은 바람 같은 것
한시도 바람 잘 날은 없다
우여곡절의 사연들이 스치고 지나갈 때
더 빨리 앞으로 달려가야만 하는
바람개비 같은 마중 인생

바른 눈을 가져야지

나는 눈이 있으되, 눈이 되지 못했다
작은 배들이 어둠에 깔린 상흔들의 궤적
신음하는 소리를 볼 수가 없었다
추위에 떨며 신음하는 세상을 보는 높은 안목이 없었다
나는 눈이 있으되, 눈을 뜰 수 없는 사람이 되었다
암울한 세상이 보이지 않았다
한 손을 들고, 깃발을 흔들며
작은 배들이 깨져가는 광경을 보지 못했다
울부짖고 고함을 치는 깃발을 보지 못한다
눈이 있으되, 바라보는 세상눈을 간과하니 말이다

때로는 내가 싫다
세상을 하얗게 덮는 겨울눈을 좋아했다
덮어야 길이 되고, 걷어내야 정의가 됨을 구분하지 못하니
가까이 만 보고 달려가는, 옹졸한 삶이 싫다
어찌, 저 아름다운 세상을 보지 못하는가
바른 눈과 길을 바라볼 줄 아는 밤이 길어진다
몸부림치는 바다를 들여다보라
생명의 숲에 눈을 돌려보라
물은 낮은 곳으로 더 깊은 곳으로 흐른다
강물 소리는 요란치 않아도 길을 내어갔다
바다로 흘러드는 물의 생명을
큰 눈을 뜨고 바라보리라

생각의 틀 깨기

말이 서툴러도 할 말은 다 할 수 있어
몇 마디 말에도 뼈가 있지
네가 생각하는 것 이미 다 느낄 수 있지
잘 들리지 않아도 찬찬히 들어보면 다 알 수 있어
미미한 소리가 모여 의중이 되지
네가 하는 말, 작은 소리만으로도 알 수 있지

잘 보이지 않아도
서툴러 표현이 미미해도 이미지는 내 머릿속에 있지
시간을 두고 하나씩 새기어 가면
네가 더 깊이 있게 세상을 그릴 수 있지
동작이 조금 힘들어도 목표가 뚜렷하면 바르게 할 수 있어
조금 늦을 뿐이야
나보다 더 일을 꼼꼼히 잘해 낼 수 있어

숨소리만 들어도 발소리만 들어도
바람 소리만 들어도 너의 마음을 읽을 수 있어
네가 하는 말소리 느낌만으로 세상을 바라볼 수 있어
누구나 한 번은 장애인이 된다
생각의 고정 틀을 깨지 못하는 네가 밉다

주위를 둘러보고 세상을 동행하는 아름다운 삶
귀를 기울여야지 마음을 깨야지

아이들의 얼굴

누가 봐주지 않아도
백일홍, 국화, 코스모스, 해바라기꽃이
아이들처럼 잘 자랐다
손길이 닿는 대로
한여름 후덥지근한데
백일홍과 해바라기꽃이 더위와 가뭄을 이기고
훌쩍 자라 이쁘게 미소를 지었다

오전 예배를 마치고
유치부 학생들이 큰 화분 앞에 둘레둘레 모였다

"이게 무슨 꽃이에요?
키가 이렇게 커요, 나보다 더 커요
예뻐요, 여기, 물을 주어도 되지요
웃고 있는 것 같아요."

아이들의 얼굴에 꽃이 피었다
고사리 손길에 나비가 날았다
예수님 향기가 쑥쑥 피어났다

참, 예뻤다 자세히 보니 아이들이 더 예뻤다
말씀대로 자라는 아이들 눈망울에
하나님 향기가 스며있다

노랑 장미

학교 옆 담장 넘어
예쁜 노랑 장미 한 송이
집에 가는 길에 한 송이 꺾어 선물해야지
엄마한테

우리 집에 핀 꽃들을 엄마는 좋아했지
장미꽃을 제일 좋아하셨지
대문 앞에 나와 마중하는 엄마 얼굴 떠올라
남이 볼까 얼른 꺾어
책가방에 넣고 뛰어갔다

엄마가 좋아하는 것은
난, 뭐든지 해야지
엄마가 빨리 나아야지
학교도 다닐 수 있고
친구들도 만날 수 있고
우리 집에 웃음꽃도 피잖아

무화과

뜨거운 사랑은
햇살에 익어가고
발가벗은 여인의 숨결은
살랑이는 바람처럼 계절을 삼키고
화들짝 들킨, 삐친 얼굴에는
마른하늘 천둥 소낙비로
얼굴이 화끈거린다

속살이 깊어지는
사춘기 소녀의 젖가슴
부드럽게 터지는
달콤한 입술의 향기
한여름 무더위에 맺힌
잎새마다 살포시 내미는
터질 듯 감싼
십자 빛 홍안의 미소
기다림의 열꽃이
화병처럼 번지는 사랑이든가

기다리면 톡 터지고
머뭇거리면 열꽃이 피었다
바라보면 깊어지고
다가가면 화들짝 붉어 터졌다

진주알이 되도록 굴러봅니다

명동 해안가로 하얗게 밀려오는 파도
갯벌 속에 파묻힌 빛바랜 조개
굴러보면 세상이 보인다지?
이리 굴러보고 저리 굴러보고
반짝반짝 빛이 나도록
파도 소리 들으며 굴러봅니다

큰물에 발을 담그고 수경 속에 비친 세상
밀물과 썰물이 교차하며
벌어지는 세상 속으로
굴러보면 모가 난 세상이 보인다지?
짭짤하게 여물어 가는 속앓이 세상
모래 톱 살에 방울방울 살을 찢는 몸부림
가슴마다 열꽃이 필 때 생각이 여물어 갑니다

짠물 한 모금에 긴 목줄을 숨기고
갯벌 깊숙이 고개를 절레절레
이쪽저쪽 열어보고, 한 입 다물고
이쪽저쪽 나눠보고, 한 입 깨물어
물결 따라, 바람 따라
모래 빛깔 움푹움푹 데굴데굴
볼품없는 모양새가 세월의 막장 담아
당신의 가슴을 보듬는 보석이 됩니다

가족 밥상

밤새 내린 함박눈
초가집 지붕
아래채에는
고드름이 대롱대롱
아이들을 기다리고

마구간 황소 고삐 사이
주렁주렁 맺힌 입김 속으로
겨울 한밤, 새벽 짚단 여물 소리
울어대는 암소 한 마리
배고픔을 달래고

동트는 햇살 사이로
긴 겨울밤 아침이 다가오고
신김치, 동치미 입에 물면
둘러앉은 아침 밥상
웃음꽃이 피었다

동짓날

동지 팥죽, 한 입
입에 물면
진눈깨비 흩뿌리는 혹한 추억
울컥하여 눈물이 났다

사랑에 목말라 울던 세월들이
겨울 한파에 구석으로 물러나고
남몰래 묻어 둔 사연들이
무서리 발길 연탄재 불꽃같이
빨갛게 달아올랐다

당신의 손길 그늘이 깊을수록
한없이 밀려오는 짙은 사랑이
한파에 움츠린 가슴 달랬다
동치미 숙성되어 익어간 세월만큼
도전과 응전의 깊이를 더했다

들꽃 시인

시詩를 쓰는 일은 은혜요 축복이다
삶이란 시인의 가슴에 영혼의 꽃밭을 일구는 일
내 안의 삶을 거울에 비춰보고
잔가지를 전지하듯이 마음을 담금질한다
지친 세상 타들어 가는 마음에 뭘 담아야 할까?
살얼음이 지나가는 한파를 맞는 심정으로
한 점, 한 획, 그림을 그려가듯
사계절이 펼쳐놓은 일상을 가슴에 담아
한 문장 고백에 글을 쓴다

시의 고백은 영혼의 꽃을 피우는 일이다
파란 호수에 한바탕 구석진 곳에 색을 입히듯
내 생각을 정갈하고 향기롭게
내 영혼에 빛과 소금에 간을 들여가며
동짓달 동치미 항아리에 숙성되도록 넣어본다
때에 맞는 밥상이 된다면 맛있겠지
누군가 마음에 빛이 된다면
꺼내 읽고, 삶에 깊은 맛을 느끼겠다

들녘에 핀 야생화를 보라
누군가 다가오지 않더라도
햇살과 바람 빛깔에 기대어
세상에 밝히지 않는가
미약할지라도 펜이 무디어질 질 때까지
시어詩語가 내 마음에 와닿을 때까지

감동 전율이 파르르 핏빛이 되어
갈급한 마음에 영성의 꽃을 피우는 환희
그 생명의 혼불이 가슴에 사무칠 때
한 줄의 감동이 살아 숨 쉬는 삶의 고백
삶이 녹아있는 들꽃 시인이 되고 싶다

휠체어를 밀면서

턱이 왜 이리 높을까?
휠체어를 밀면서 세상을 바로 볼 수 있었다
넘어야 할 곳 얼마나 많은가?
가만히 들여다보면 한숨만 나오고
마음은 메말라 속앓이 눈물만 나온다
세상을 탓하지 말자고 다짐하고 다짐하지만
부딪치는 현실 앞에서는 무너지는 가슴
현실보다 더 무서운 것이
마음이 무너지는 것이다

밀어주는 것도 좋지만
내가 찾아가며 개척하는 것이 더 속상했다
동행하는 삶이 힘이 되어 주기를
기도하며 살아온 시간이 고맙다
노자老子가 되어 순리대로
살자고 다짐한 세월도 막힘에는 한계가 있구나
그럼에도 내일은 희망의 꽃을 담아야지
내가 뿌린 대로 거두는 것이 세상일인데
높은 하늘 세상 이치
한 몸에 끌어안고
올곧게 살아가자고 다짐한 오늘
세상사, 그래도 바르게 사는 것보다
더 소중한 것이 있던가

단풍잎

낙엽이 물들어 가는 대로 내 마음이 익어간다
얻고자 하는 대로 마음씨를 뿌리면 된다
설익은 삶이 물들어 가는 삶의 고백
인생이란 발걸음마다 열매가 맺힌다
어디에도 날아가 앉을 수 있는 것이다
바람 부는 대로 내 자리를 잡을 수 있고
한 점의 부스럼이 없이
제자리를 찾는 모습은
내 자리를 따지지 않고
어디든지 떨구며 생을 마감한다

계절이 가고 새잎을 기다리는 마음
세월이 가고 자조^{自照}하는 시간
수없이 많은 인연이 낙엽처럼
바람이 이는 대로 날아갔다
만남과 이별의 순간들을
마음 빛 곱게 물들도록 손을 내밀었다
때에 맞게 자린 인연들이
저마다의 바람 따라 뒹구는 길은
하늘빛 돌아가는 햇살의 부름이다
가을빛에 흘러내린 그대의 발걸음에
뒤안길의 삶이 붉게 번지는 언덕
경사길 산빛이 길을 내준다

이 순간을 사랑해야지

사랑은 내가 무엇을 줄 것인가를
먼저 생각하고
미움은 내가 무엇을 먼저 받을 것인가를
생각하는 것이다
사랑한다고 말하기란 쉽지만
증명하기란 어려운 것
동행한다는 것은 지고지순한 사랑으로
우산이 되고 그늘이 되어 주는 손을 내미는 것이다
너를 위해 희생하는 것 없이 사랑한다고
말하는 것은 위선이다

그늘의 밤이 깊어질 때
온기를 가두는 손길이 얼마나 소중한 것인가
찬기를 몰아내고 네 손이 된다는 것
세상이 모두 널 버릴 때 너를 채우는 것이다
사랑은 아무리 미워도
눈감아 주고 마음을 보듬어 주는 것이다
화가로, 음악가로, 미술가로
아니다, 있는 그대로
보는 그대로를 바라보고 믿어주는 것

오늘도 별빛 한 점 바라보는 마음으로
까만 밤을 기다리는 희망의 삶에 불을 지피고
세월이 갈수록 외로워, 참 힘들어
텅 빈 가슴 소외된 삶이 될 때

언제나 창을 열고 받아주는 삶이 사랑이라
동행하는 순간들, 그리운 손길들에
마음이 아픈 세월만큼 익어가는 언덕
이 순간을 아끼고 사랑해야지

길 위에서

길은 하나
누구나 가는 길은 오직 한 길
그 길 위에 서면
기도하고 출발해야지
얼마나 위대한 시작인가
세상을 깊게 바라보아야지

저마다 내민 얼굴만큼
해탈의 비운 마음 드리우고
걸어가 볼 일이다
세상 들리는 소리에 치우치지 않고
올곧게 진솔하게 걸어가야지
길섶에 핀 들꽃마저 아름답게 보이지

한자리에 서서 묵묵히
세상을 향해 손길을 내미는
수평선 항행 등대 불빛처럼
말없이 오늘 하루를 걸어갈 일이다
고요한 세월, 말 없는 침묵이 지혜라
인생 항행 속에 삶의 방향은 꽃을 피우는 것이다
길 위에 서면
가슴이 두근거리는
세월의 인생길 통찰하며 살아야지

겨울나무

편백 숲, 하늘 높은 줄 모르고
추운 바람도 반갑게 맞이한다
세찬 바람 소리 아랑곳없이
한 몸으로 부딪치며 침묵한다
그늘진 곳은 언제나 시리다
눈보라 차디찬 한파가 몰려와도
제 자리를 지키는 것이 매섭다

하늘 높이 자란 고목은 외롭다
살아온 인생 연륜만큼 관통하는 시련
무거운 찬 기운이 지나간 자리마다
마음 한구석은 상흔으로 가득하다
파란 하늘 금방이라도 물을 튕기듯
우뚝 튀어나온 욕정의 갈망을 부수고
달관하는 흔들림에 생을 음미한다

유수의 세월 앞에 제자릴 지키며
봄을 기다리는 네 가슴에 꽃이 피리
고목의 언저리를 따라 피어난 새순
옹이의 상처를 까만 밤으로 아물게 한
지조와 절개의 날들을 감사로
오욕칠정 삶은 빛과 그늘이 될지니
세상 이치 드리운 대로 살아가리라

카페, 지중해

마산만 달아오른 열기를 식히고
마창대교 지나는 길손들을 부른다
비린내 해안 바닷가에 천년 해송들
열대야의 잠 못 이룬 당신을 부른다
여름 한낮, 숨을 헐떡거리는 날
해무에 일출은 빨갛게 타올랐다
일상 핍진한 삶에 지친 육신들을
숲 카페, 그늘 쉼터로 모였다

수많은 인연과 사연 바닷바람 둘러싸고 해탈하듯
조각상과 수석은 하늘의 기백을 펼치고
느림의 미학과 자연의 이치를 받들었다
사람의 향기가 바다에 해풍을 맞고
안갯속에 묻힌 뱃고동 소리는
암초에 일그러진 삶의 여울인가?
인생 발길에 등불을 살며시 드리운다

차 한 잔의 여유가 문학과 삶의 깊이를 물들이고
햇살이 빚어놓은 꽃들의 향연
유성기 노랫소리가 추억을 더듬는다
해안에 매어 놓은 낡은 나룻배가
허기진 오늘 하루, 잠시 쉬어가라 손짓한다
시와 삶이 낮달을 품는 곳에 인생의 꽃비는 내리고
고단한 삶의 향기는 바다를 품는다

아홉산 숲 대밭 길

겨울을 이긴 죽순이 봄을 맞는다
아홉산 숲 긴 골짜기를
한 땀 한 땀, 길을 찾는 이에게
살아온 길, 살아가야 할 길을 내었다
날줄과 씨줄로 얽히고 맺힌 마디마디
그늘의 세월이 고단하더라도
생의 고비마다 하늘 향한 지고지순한 대쪽 숨결이
불쑥 누가 보란 듯이 치솟고
대지의 기운 만큼 쭉쭉
제 공간을 찾아 쪽빛 하늘을 채워갔다

바늘잎들이 흔들리니 햇살이 나타나고
마음이 솔깃하니 고뇌가 사라졌다
숲 사이로 바람이 전하는 말들이
마음의 선율과 기쁨을 선사했다
대순이 터를 잡아 새 길을 열고
남몰래 마음 한 줄기 붙잡고 내려놓는 순간들
황톳길을 쓰다듬고 지나갔다
햇살에 비친 미로 같은 대숲 길
세대로 이어진 길 위에는
삶의 빛깔이 구름을 몰아내고
오롯이 생의 빛을 담백하게 풀어 주었다

* 아홉산 숲: 부산 기장 아홉산 숲 자락에 생태 환경이 잘 조성된 숲이다.

바람개비

바람의 소리를 들을 수 있을까?
바람 따라 흘러가는 삶일까
돌아보아도 볕 들 날, 없는 세월일까

우리네 삶은 바람 같은 것
한시도 바람 잘 날은 없다
우여곡절의 사연들이 스치고 지나갈 때
더 빨리 앞으로 달려가야만 하는
바람개비 같은 마중 인생

가만히 서 있을지라도 바람은 지나가고
가만히 있을 수 없는 세상 넘어 바람을 노래하고
온몸으로 견디며 나아가는
당신의 세월 앞에 바람의 길은
도전과 응전의 삶이요 인생이다

때로는 바람이 멎는 순간의 고통을
행복이라 여길 때도 많았지만
세찬 바람 앞에 맞선 풍파가 거셀수록
바람 숲에 사는 멋이 인생 뒤안길 아닐까
앞으로 힘차게 달려갔다
달리다 멈추는 날은 가끔 서럽지만
그래도, 달리는 그 순간은 한없이 기뻤다

제5부
삶의 질곡들이 인생을 물들이고

한 손 한 손
쌓아놓은 돌탑에 맺힌 사연들
건강 손길 삶의 열망
돌의 크기와 무게는 달라도
지고지순한 인생 향기
작은 돌 하나하나
맑은 영혼에는 행복 가득

작은 돌탑 하나

눈의 시선이 머무는 곳에
삶의 방향이 숨어 있다
비탈진 산길 옆 작은 돌탑 하늘을 이고 있다
누군가 살짝 작은 돌 하나
얹고 지나간 손길 무슨 소원을 바랐을까?

계곡물 씻겨간 이쁜 작은 조약돌 하나
모난 돌 두 개, 살포시 들어 얹어
그 소원 위에 쌓고 보니
길손 인생, 내 인생 마음은 한 가지

푸른 하늘 덕주봉 아래 약수터
간절한 물 한 모금 들이켜고
달려온 세월, 건강에 감사
나아갈 인생, 만수무강 두 손 모은 은총의 기도
겸손한 발길마다 사랑 충만

한 손 한 손 쌓아놓은 돌탑에 맺힌 사연들
건강 손길 삶의 열망
돌의 크기와 무게는 달라도
지고지순한 인생 향기
작은 돌 하나하나
맑은 영혼에는 행복 가득

마음을 두들겨 맞아야

뭘, 보고 다니느냐?
이 나이 먹도록 세상에 징검다리 하나 놓지 못하고
앞만 보고 달려갔느냐?
골이 깊어 물줄기는 강하고
산은 높아 오르기는 험난해도
내 마음 한 줄기 절벽처럼 밀려올 때
밤이 이슥하도록 맷돌을 두드리는 심정으로
인생을 두들겨야지

아직도 세상을 모르느냐?
이 나이 먹도록 한 우물에 기대어
냉큼 달려온 길이 쉬이 보이지 않더냐?
바람 언저리 기대 후회치 말고
하늘소리 빛의 바람 마음 품어
내 마음 흔들리지 않게
세월의 언덕에 힘찬 발걸음 내딛고
먹먹한 가슴 달래어야지

현자賢者의 눈을 뜨고
혜안慧眼의 눈을 뜨고
영혼의 눈을 뜨면
꽃이 피고 열매 맺는 삶이 되지 않겠느냐?
마음을 두들겨 맞아야 꽃이 핀다지

'인문학 산책'을 읽고

길을 묻는다, 삶의 방법을 물어본다
어떻게 살아가야 할까요?
내가 지금 살아가는 방법이 맞는지요?

아는 길도 물어서 간다
세상의 이치理致를 알고 어둠을 밝히는 삶을 살아라
등댓불을 찾는 이의 갈급함을
오리무중의 인생길을 헤쳐가는
지혜와 영성의 길을 갈구하는
생각의 창문을 두드리는
한 편의 깨우침 소리가 들린다

가장 빠른 길은 둘러 가는 것이고
바른길은 고난과 인내의 숙성된 삶의 여정이다
내가 가고자 하는 길이
꽃피는 삶이라면 떨림이 있다는 것
현자賢者가 밝히는 영성의 길은
무욕無慾과 사랑의 실천이라
지혜로운 길을 밝히는
인문학의 숲을 걷는 마음으로 길을 묻는다

지금, 난 불어오는 찬 바람을 어떻게 맞는가?
당찬 인생길 사색에 잠긴다

꽃

십자가 종탑 아래
둥근 큰 화분에
내 마음의 꽃 한 포기
심었다

아이들이 어떤 모습으로 다가올까?
기다리며
설레는 마음으로
물을 주었다

예쁘게 핀 꽃잎 속에
둘레둘레 속삭였다
"아이, 예뻐라."
말씀으로 자라나는 아이들
얼굴이 꽃잎보다 예뻤다

인생이라는 선물

아침 햇살이 눈부시게
창문가에 다가와서 손짓했다
새날을 여는 빛과 향기라
아무리 힘들다 하여도
하루가 그렇게 반가울 수 없다

인생이란 선물을 아끼고 사랑해야지
형편에 맞게 살아가도록 내려준
위대한 하루는 축복받은 삶, 그 자체이다
내 아픈 사랑은 남을 돕게 하고
내 아픈 추억은 남의 고통을 끌어안고
내 형편과 처지가 바뀔 때는
언제나 남을 위한 사랑이 담겨 있음을
인생 선물은 마음에 창을 내기 나름
내 손 내밀 때 다가오는 손길에
그늘 향기는 인생을 복되게 했다

내 발길 머무는 곳이 삶의 정원이 되고
내 손길 가는 곳에
작은 꽃씨를 심어야지
모서리 진 곳에 들꽃은 더 이쁘고
그늘진 깊은 골
물길은 햇살에 더 빛났다

나답게 산다는 것

내가 나를 만나려면 고독을 씹어보면 안다
내 마음을 들여다보려면
살아온 길 들춰보고
살아갈 길 붙잡는
손안에 움켜쥔 일상 들여다보면 안다

그래, 살아온 길 마음 먹기 나름이더라
그늘 빛에서 더 행복했다
내 마음을 채우고 내 마음을 비우는
사연들을 품은 세월만큼
빚어진 길들의 모양새는
내가 뿌린 대로 거둔다

나다움은 안분지족安分知足의 삶
살아있다는 것에 감사
세상을 아름답게 보는 혜안의 눈을 떠야지

징검다리 건너는 동심의 발길처럼
맑은 계곡 은은한 물빛 가슴에 담고
때로는 참방참방 한때는 살금살금
마음 소리 조곤조곤 풀어가며
동반 상생 함께하는 인생사
꽃길을 열어가는 행복의 열쇠

순천만, 겨울 초입

철새가 가져온 소식 듣고자
겨울 초입 계절의 단상斷想에
먼 길 보금자리 찾아 둥지를 낸
갯벌 비린내 칙칙한 갈대숲을 찾았다

바다와 연이은 광활한 들녘의
거무칙칙한 뻘밭 바닷길을 걸으며
높은 하늘 철새 떼 군무群舞 황홀경에 빠져
동심의 세계로 하늘을 날아 보았다
땅과 하늘이 한 조각
비상飛上한 삶의 터전임을 알았다
항.포구 갯벌 물고랑 습지가
고귀한 생명의 숨결이었다

순천만의 바닷바람과 갈대숲의 노랫소리
내 자리가 네 자리가 되고
네 자리가 내 자리가 되는
자연과 인간의 공생지共生地
남기고 떠나고 다시 제자리를 찾는
그 길에, 상생하는 삶
차갑게 불어오는 겨울바람이
훈훈하게 가슴을 녹인다

바다가 불렀다

가끔은 항해하다가 문득
수평선 너머로 다가오는 큰 인생 앞에
어떻게 살았느냐가 바다가 물었다

인생이라는 선물을
어떻게 살아왔고, 살아갈 것인가에
마음에 창을 두드릴 때가 있다
생이라는 항해航海에서 나침반에 길을 묻는다
길게 쭉 선미船尾에 낸 항적처럼
지나간 사연을 묻지 말라고
바다는 넌지시 거품처럼 떠밀어 내기도 했다
모래알처럼 가슴속 박힌 흔적들은
교호하는 물길의 골을 따라 찰싹거리며 발길을 내어갈 때
파도 물결처럼 부딪치며 달려가는
물길의 포성 깊이를 관통했다

때로는 파도처럼 밀려왔고 파도처럼 살았노라
가끔은 삶이란 부딪치면 깨닫는 것
비워가며 채워가는 것이다
과거와 미래를 툭툭 털어
너울처럼 긴 굴속 같은 큰 파도에 실어
저 대양 갈매기 비상하는 공간으로
낮달 그물을 던져 버렸다

스마트 폰 사진 세상

작은 거울 속에 비친 스마트 폰 세상
가깝고 먼 사랑의 언약 들통나는 것은 한순간
사랑은 당기고 미는 것 당겨야 깊이 새겨 볼 수 있지
둥근 앵글 속 사이로 비친 세상 파노라마 찰나의 순간

이상하지, 말하지 않아도 내 눈엔 너만 보였지
저 멀리 떨어져 보이지 않을 것 같지만
내 눈엔 너만 보였다
정말 밉더라. 화들짝 눈물 고인 날, 더 선명하게 다가오고
저 멀리 밉다고 보낸 날은 더 바짝 더 당겨주니
내 마음에 너만 다가왔다

참, 신기하지 네가 나에게로 달려오는 추억들을
네가 아무리 감춰도 들어오는 순간의 몸짓
멀어져야 더 심취해서 보게 된다는 것
떨어져야 너를 바로 볼 수 있다는 것

당겨보고 밀어보고 밀어내고 당겨보고
찰깍, 오직 당신으로 고정된다
콩깍지 낀 사랑은 내 마음 한가득 셔터 한 곳에 고정되어
그래, 사랑은 순간이고 선택의 날들의
눈먼 시간 들 속에 번진 불타는 가슴 덩어리
세상은 작은 미로 틈 속의 행복이지

마음의 벽

아무리 좋은 말을 해도
들리지 않아

아무리 좋은 사람이 옆에 있어도
마음에 들지 않아

아무리 좋은 음식이 있어도
입맛에 들지 않아

아무리 명철한 길을 안내해도
생각은 '우물 안 개구리'

마음을 열지 않으면
오리무중의 인생사

마음이 어디에 가 있는가?
마음을 어떻게 쓰는가?
마음에 벽을 허무는 순간
세상은 열렸다

내수면 생태공원 수원지

장복산 계곡 물줄기 한곳에 모아
마을마다 꽃을 피우고
나목마다 계절을 앞세우니
수원지 길목에 들꽃의 군락에는
삶의 향기가 요리조리 배어있다

숲속 그늘 맨발 길 따라
올망졸망 도란도란
어깨를 맞대고 지나가는 길
걸음걸음 조곤조곤
발끝마다 웃음꽃이 피었다

낮달이 지나간 자리
가물가물한 인연의 향기 피어나고
초저녁 별빛이 속천항에 반짝일 때
물빛 둘레길 세월이 달빛을 품었다

삶의 꽃, 수다 피는 걸음마다
인생 언덕 보송보송 진한 숲 향기
질펀한 삶의 파노라마 사랑길
당신의 영혼, 인생 동반 봇물 터지는 사연
미쁜 가슴에 윤슬처럼 찰랑인다

음악의 선율

한 줄의 현이
마음을 두드리고
음색이 빚어내는 향기가
삶의 빛깔을 더하리라

버킷리스트 정해놓고
달려가는 세월 앞에
전광석화電光石火처럼 달아나는 하루
동천에 해 뜨는가 싶더니
까만 밤 별빛이 반짝이더라

고요한 삶의 고백과 채색의 물결
마음을 사계절 물들이는 음악의 정취
심취 음악은 마음에 빛을 내리고
감흥은 번뇌망상煩惱網想 이식耳識하여
철학보다 깊은 성각聖覺을 불러냈다

꽃의 피는 가슴으로 윤슬의 빛깔을 품는
선율이 일상을 깨우리라
감동이 눈물로 승화되는 은은한
리듬에 발맞추는 삶의 깨달음에
인생 향기를 더하리라

역사의 강물

큰 물줄기는 피해 가는 법이 없다
작은 샛강이 모여들어
큰 강을 이루고
강물은 유유히 길을 내며 흘러간다
민심의 소리에 귀 기울여
듣지 못하는 이는 물길을 잡을 수 없다
작은 소리, 스며드는 물줄기는
미세하나 뭉치면 강폭을 휘감는다
역사의 패러다임을 잊고
역행하는 지성은 길을 잃는다
큰 바다가 부르짖는 절규는
깊이를 헤아릴 수 없다.
누구도 성난 파도의 괴력 앞에
피할 길이 없다
역사의 줄기는 도도히 흐르는
강물과 같아
바다를 품고 태풍으로 몰아친다
누가 막을 수 있단 말인가

피아노

단테 소나타의 선율에
헐벗은 심령
생명 하나, 숨이 멎네

밤이 깊을수록
쓸쓸함에 소리 없는 아우성들이
영혼의 갈급함을 달랜다

아아!
톡톡 튀는 은방울의 파노라마
과거와 현재, 미래가 수정 빛처럼
자유의 날개를 달아
인생을 넘나든다

내가 아니 내 안의 속삭임
세상의 이치理致
생의 사연들이 빚어놓은
인간 군상 음색들의 경지

잔잔하게 밀려드는 그리움도
애잔하게 스며드는 사랑도
가슴을 파고드는 영혼의 고백
은빛 세상 환희의 울림인가

고향 뒷산에 올라

비봉산 산줄기 앞들을 둘러싸고
봉황새 노래하는 한학의 고향
인정 많은 사람들이 노동의 꿈을 나누고
고을마다 넘친 정은 풍요로운 삶이다

연봉정 정자는 역사의 뒤안길에 침묵하고
민초의 숨결 낙동강을 감싸 흐르니
금오산 높은 기세 불굴의 의지 담아
영남 유생은 보국광명報國光明 외쳤다

꽃을 심는 마음

작은 씨앗 하나
흙 속에 감춰진 꿈
봄 햇살을 기다리며
살포시 숨을 쉬고 있다

바람이 속삭이면
솜 흙 속에서 살포시 고개를 내밀고
푸른 잎을 펼치며 세상을 향해 나아갔다

톡톡 비가 내리면
그 촉촉한 손길에
더욱 깊이 뿌리 내리고
대지에 푸르게 자라고 있다

몽실몽실 꽃이 피면
그 향기로 세상을 채우고
작은 기적을 노래하며
그늘진 곳에 희망을 전한다

작은 씨앗 하나
그 속에 담긴 사랑
꽃 심을 닮는 마음
세상을 밝히는 빛이다

The heart of planting flowers

one small seed,
A dream hidden in the dirt
Waiting for the spring sun
I'm breathing when spraying.

If the wind whispers,
When spraying in the mud, stick your head out
Spreading out the green leaves
It's moving towards the world.

If it rains a lot,
To that moist touch
Take root more deeply
It's growing green on the ground.

When a monsil monsil flower blooms,
Fill the world with that scent
Singing Little Miracles
Hope should be conveyed to a shady place.

one small seed,
The love contained in it,
A heart resembling a flower core,
It became a light that illuminated the world,

| 시집해설 |

순간의 향기를 붙잡는 시학

임창연(시인·문학평론가)

– 들어가며

 '마음 밭에 꽃씨를 뿌린다'라는 행위는 단순한 자연의 은유를 넘어, 이경희 시인의 시학 전반을 관통하는 핵심 명제다. 그의 시편들은 곡진한 서정성과 삶의 회고, 종교적 신념, 그리고 인간 존재에 대한 따스한 시선을 기반으로 구성되어 있다. 이 시집을 읽는다는 것은, 곧 한 인간이 살아온 세월의 풍경과 마음속 기도의 울림을 함께 걸어가는 여정에 참여하는 일이 된다.
 시인의 생애에서 해군 복무와 교직, 장애 학생들과의 긴 시간은 단순한 이력 이상의 의미를 지닌다. 그것은 이 시집의 다층적 결을 형성하는 토대이자 '삶의 현장'을 언어로 전환하는 구체적 감각의 원천이다. 예컨대 「달빛 바다에 눈물을 훔쳤다」에서 "함교 현 측 한쪽에 기대어 달빛 바다에 눈물을 훔쳤다"라는 구절은 단순한 회상의 기록이 아니다. 군함의 흔들림과 함께 동요하는 젊은 시절의 자의식, 그리고 바다라는 무한 공간 속에서 인간 존재의 유한성을 체감하는 순간의 깊은 떨림을 그대로 전한다.

시인의 언어는 지나치게 화려하거나 난해한 비유를 거부한다. 대신 감각과 체험, 그리고 일상의 사소한 장면에서 뿌리내린 직설적 서정성을 택한다.「하루 예찬」의 첫머리에서 그는 이렇게 쓴다.

"산다는 것은 하루를 삶의 향기로 채워가는 / 눈물과 감사의 날들 / 천지 만물에 미미한 흔적을 남기는 것."

여기서 '하루'는 단순히 시간의 단위가 아니라, 인간 존재의 온전한 총합이며 '현재'라는 절대적 좌표를 가리킨다. 삶을 거대한 서사로 확장하기보다 매 순간을 기적처럼 바라보는 태도는, 시집 전반에 걸쳐 발견되는 핵심적 관점이다.

또한 이 시집을 관통하는 중요한 키워드는 '감사'와 '기도'다.「감사 일기」에서 시인은 "소소한 일상을 감사로 여기며 / 부족한 것에 나를 칭찬하며 / 주어진 것을 은혜로 받아들이는" 삶을 노래한다. 이러한 자세는 단순한 자기 위안이나 도덕적 권고를 넘어선다. 세속적 욕망의 과잉과 불안을 넘어, 인간 존재를 근본으로 되돌려 세우려는 성찰적 태도다. 시인에게 감사는 기도와 맞닿아 있으며, 기도는 언어와 삶을 매개하는 영적 통로다.

특히「목련꽃」에서의 심상은 이 시집의 전체적 정서를 압축한다. "며칠 밤을 새워 기도하는 / 눈물의 사연 / 아침 이슬을 머금고 / 하얗게 꽃잎 봉우리를 내민다." 목련은 단순한 자연의 대상이 아니라, 눈물과 인내, 영혼의 희구가 응결한 상징으로 제시된다. 바람과 비에 시달린 가지 끝에서 다시 피어나는 꽃은, 시인의 삶 속에서 반복된 시련과 극복의 은유로 기능한다.

이경희 시인의 시는 종종 자신의 삶을 회고하는 듯 보이지만, 실상은 그것을 넘어 보편적 감각을 향해 열려 있다. 「달빛 바다에 눈물을 훔쳤다」의 바다는 젊은 날의 기억을 담고 있지만, 동시에 우리 모두가 마주하는 '삶이라는 항해'의 은유다. 「텃밭에도 빛깔이 있다」에서는 작은 꽃잎 하나, 흙 한 줌의 변화에서 인간 삶의 비밀을 읽어낸다. "서로서로 의지하며 꽃은 자라며 저마다의 빛깔 내었습니다"라는 구절처럼, 시인은 삶을 '함께 살아가는 존재들'의 이야기로 풀어낸다.

시집의 또 다른 특징은, 내밀한 서정 속에서도 일관되게 유지되는 담담한 문체다. 절망과 슬픔의 장면에서도 목소리는 격렬하게 흔들리지 않는다. 「생의 한가운데」에서 "큰 물결의 소용돌이가 삶을 휘몰아치고 / 움푹 파인 용트림 자국이 생의 깊이를 더한다"라는 표현처럼, 고통을 있는 그대로 받아들이되, 그 고통을 미학적 언어로 전환해내는 힘은 시인의 오랜 성찰에서 비롯된다.

「마음 밭에 꽃씨를 뿌리며」라는 제목은 단순히 자연 친화적 세계관을 표방하는 것이 아니다. 이 꽃씨는 곧 언어이며, 마음이며, 기도다. 시인은 삶의 고비마다 그 언어의 씨앗을 뿌렸고, 그로써 자기 내면을 가꾸고 타인과 세상을 잇는 다리를 놓았다. 바다는 때로 폭풍으로 흔들리고, 언덕은 비바람에 깎이지만, 결국 꽃은 피어나고 향기를 남긴다.

이경희 시집은 우리가 잊고 지낸 '삶의 속도'를 되묻는다. 기적 같은 하루, 작고 평범한 감각의 반짝임, 기도의 손길, 사랑과 연대의 힘. 시인의 시선은 이 모든 것을 한데 엮어, 세상이라는 거대한 파도 속에서도 우리가 놓치지 말아야 할 본질을 다시금 일깨운다. 시를 읽으며 우리는 발견한다. 삶이란, 결국 나와 세계와 신을 향한 '감사의 응답'임을 알게 된다.

1. 시인이라는 존재

 시인은 '삶을 사랑하는 자'다. 이경희의 시집 『마음 밭에 꽃씨를 뿌리며』는 단순한 감상의 기록이 아니라, 삶의 깊은 주름을 고요히 매만지는 손길과도 같다. 그의 언어는 화려한 수사를 거부한다. 시인의 세계는 작고 사소한 것, 바람 한 점, 빛의 떨림, 마음속 미세한 흔들림에서 출발한다. 그러나 그 작은 떨림은 시인의 언어를 통해 넓고 깊은 의미를 획득한다.
 시집의 제목 『마음 밭에 꽃씨를 뿌리며』는 단순한 비유가 아니다. 마음 밭은 언어가 자라는 자리이며, 꽃씨는 시인이 심어 놓은 삶의 기억이다. 이 시집 속 시편들은 모두 한 알의 씨앗으로 태어나, 존재와 시간의 계절을 지나 꽃을 피운다. 바람에 흩날리고 비에 씻기며, 결국 남는 것은 그 꽃향기다. 이 경지를 가장 잘 보여주는 시가 「하루 예찬」이다.

 "산다는 것은 하루를 삶의 향기로 채워가는
　눈물과 감사의 날들

천지 만물에 미미한 흔적을 남기는 것
　　바람처럼 흔들어 주고 기대어
　　나를 채워가는 나그네의 발길이다

　　가만히 들여다보면, 하루는
　　기적같이 눈을 뜨고 세상을 본다는
　　얼마나 행복한 날들인가
　　아침 햇살이 하루를 밝히고
　　태양의 손길로 일할 수 있는 보람
　　별밤의 반짝이는 수천의 등불
　　수채화 빛으로 은혜롭게 채워지는 시간

　　가만히 기대어보면, 하루는
　　살아서 소리 나는 것을 듣는
　　얼마나 기쁜 날들인가
　　주위에서 들려오는 아름다운 소리
　　온갖 만물이 조화롭게 살아가는 소리
　　지혜의 바다 같은 물빛처럼 채워지는 순간들
　　흔들림의 파장이 심장을 두드리는 축복받는 시간"
　　　─「하루 예찬」 부분

　여기서 '하루'는 단순한 시간 단위가 아니라 존재의 중심을 가리킨다. 삶을 거대한 구조로 바라보지 않고, 하루라는 구체적 단위 속에서 발견하는 작은 기적들이 이 시집 전체를 지탱한다. 시인에게 하루는 '지금 여기'를 온전히 살아내는 방식이며, 그 하루의 축적이 곧 존재의 빛깔을 만든다.
　시인의 언어는 '감사'와 '기도'의 결을 따라 흘러간다. 「감사 일기」에서 시인은 속삭인다.

"소소한 일상을 감사로 여기며
부족한 것에 나를 칭찬하며
주어진 것을 은혜로 받아들이는
매일 매일 쌓아가는 공덕^{功德}의 삶

남들보다 나를 바라보면서
일상의 삶에 행복을 느끼는 것
소학행의 습관이 기쁨으로 충만한 삶
행간을 밝히는 내 마음의 향연

하루의 쉼표를 찍고
감사한 일들을 조목조목 적어 내려가는 밀알의 시간
내일의 다짐이 펼쳐지고 기쁨과 감사가 넘치는
마음 챙김의 작은 치유 공간

짧은 하루가 일상의 삶이 되고
누적된 감사의 삶이 습관이 되고
밝은 태도가 인생을 바꾸는 힘이 된다
마음 밭에 충만한 삶은 기적을 낳아
희망이 없던 사람, 가진 것이 없는 사람도
감사의 삶이 연속되면
안분지족의 축복된 삶이 되리라 "
－「감사 일기」 전문

이 고백은 단순한 자기 위안이나 도덕적 교훈이 아니다.

하루하루 반복되는 일상 속에서 발견하는 작은 빛과 숨결의 감각, 그것을 은혜로 받아들이는 태도다. 이경희의 시는 거창한 의미를 만들려 하지 않는다. 오히려 의미를 지우고 언어를 투명하게 비워낸다. 덕분에 시 속의 공백은 더 깊고 넓은 울림을 만들어낸다.

  또한 이 시집에서 눈에 띄는 것은 '기억'의 풍경들이다. 과거는 시인의 언어 속에서 낡은 사진처럼 불려오지만, 결코 과거에 머물지 않는다.「아버지의 지게」를 보자.

"산 뻐꾸기 지저귀면 봄은 익어가고
동리 앞 개울가 시냇물 흘러
봄빛 내려앉은 처마 끝, 마루에 걸터앉아
사립문만 바라보았다
싸리문 미끄러지는 소리
쏜살처럼 달려가 대문을 활짝 열었다
아버지 바지게 짐 머리 위
진달래꽃 한 다발 피었다"
 –「아버지의 지게」부분

  이 구절에는 한 세대의 역사와 세월이 압축되어 있다. 아버지의 삶을 짊어진 지게는 단순한 도구가 아니라, 가족을 위해 기꺼이 무거운 시간을 견뎌낸 존재의 상징이다. 시인은 과거를 회고하지만, 그 기억은 독자의 현재와도 만나며 새로운 공명을 일으킨다.

  자연 역시 이 시집에서 중요한 장치다. 이경희의 시 속에서 자연은 단순한 배경이 아니라, 시적 감각을 열어주는 거대한 통로다.「무지갯빛 사랑」을 보자.

"분홍색 꽃 팝콘처럼
교문 가로수 길 톡톡 터지면
아이들 얼굴이 봄을 불렀다

살포시 날아드는 하얀 꽃잎
벚꽃의 꽃망울이 몽실몽실
봄빛을 시샘하면
오늘은 또 어떤 일이 벌어질까?"
─「무지갯빛 사랑」부분

  여기서 교문 앞 팝콘 같은 꽃망울은 단순한 사물 묘사가 아니다. 아이들 얼굴에 내려앉은 봄빛, 생명의 환희, 존재의 무구함이 겹겹이 중첩된 상징이다. 시인의 언어는 아이의 얼굴과 계절의 빛깔을 한 호흡 안에 겹쳐놓으며, 언어로 포착된 '삶의 한순간'을 영원 속에 심는다.

2. 시인의 시선

  이 시집에서 가장 눈에 띄는 것은 '작은 것에서 큰 세계로 확장하는 시선'입니다. 그 출발점은 시 「목련꽃」에서 분명히 드러난다.

"며칠 밤을 새워 기도하는
눈물의 사연
아침 이슬을 머금고
하얗게 꽃잎 봉우리를 내민다

"겨울 한파에 시린 사연
바람이 남기고 간, 아픈 가지마다
갈급한 영혼의 간절함
햇살에 몽실몽실 피었다"
 －「목련꽃」부분

목련은 단순한 꽃이 아니라, 시인의 내면 깊은 곳에서 응결된 영혼의 상징이다. '기도하는 눈물의 사연'이라는 표현은 존재를 관통하는 인내와 기다림, 결국 피어오르는 구원의 순간을 담고 있다. 이 시에서 시인은 인간의 상처와 치유, 희망을 자연의 심상 속에 심층적으로 겹쳐놓았다.
다음은 「텃밭에도 빛깔이 있다」이다.

"서로서로 의지하며 꽃은 자라며 저마다의 빛깔 내었습니다
비바람에 부딪어도 향기는 변하지 않았습니다
아홉 개를 다 주고도 한 개가 부족한 듯 소담스러운 마음
작은 마음 꽃밭에 담아 봄날을 밝혔답니다
내 발걸음 소리 듣고 피어나는 꽃들을 바라보며
들창, 이슬 보석 무지개처럼 떨구어 가는 마음으로
그늘진 이웃을 살며시 초대하렵니다"
 －「텃밭에도 빛깔이 있다」부분

이 시에서 '텃밭'은 단순한 공간이 아니라 공동체적 삶의 은유이다. 저마다의 빛깔을 가진 존재들이 서로 의지하며 살아가는 모습은, 시인이 바라보는 세상의 본질과 닿아 있다. 서로 다르다는 사실은 갈등이 아니라 조화로, 다양성은 혼란이 아니라 아름다움으로 전환된다.
세 번째로 「달빛 바다에 눈물을 훔쳤다」는 시집에서 가장

내밀한 회고적 시선이 드러난 작품이다.

> "울지 말아야지 울지 말아야지
> 혼자서 울지 말아야지
> 주먹다짐하고 돌아서는 함수 깃발 앞에서 입술을 깨물고
> 수평선 백파^{白波}가 일렁이는 바다를 바라보며
> 인생의 갈등과 고뇌의 순간 품고 달려가는 항행의 밤바다
> 함교 현 측 한쪽에 기대어 달빛 바다에 눈물을 훔쳤다."
> ―「달빛 바다에 눈물을 훔쳤다」 부분

해군 복무 시절의 기억을 담은 이 시는, 개인의 젊은 시절을 넘어서 인간 존재의 유한함과 고독을 성찰하게 만든다. 달빛 바다는 무한의 상징이며, 그 아래에서 흘린 눈물은 끝없는 세계 앞에서 마주한 자기 자신에 대한 응답이다. 「생의 한가운데」에서는 삶의 시련을 단단히 직면하는 시인의 태도가 드러난다.

> "큰 물결의 소용돌이가 삶을 휘몰아치고
> 움푹 파인 용트림 자국이 생의 깊이를 더한다
> 한 점의 상흔이 씻고 간 것은
> 생의 한가운데 고통의 여운일세
> 수평선 너머로 밀려드는 번뇌의 너울
> 이 밤을 잠 못 들게 하여도
> 오직 마음에 굳은 심지와 평안을 위해
> 자아 성취를 위한 미련의 희생이라 여기며 나아가세"
> ―「생의 한가운데」 부분

여기서 '큰 물결'은 시련을, '용트림 자국'은 상처를 상징

한다. 그러나 시인은 시련을 단순히 피하려 하지 않고, 그것을 삶의 깊이로 받아들인다. 언어는 차분하고 담담하지만, 그 속에는 강한 내적 체념과 초월의 의지가 스며 있다.

마지막으로 「바른 눈을 가져야지」는 시인의 시적 태도를 가장 명확히 드러난다.

> "때로는 내가 싫다
> 세상을 하얗게 덮는 겨울눈을 좋아했다
> 덮어야 길이 되고, 걷어내야 정의가 됨을 구분하지 못하니
> 가까이 만 보고 달려가는, 옹졸한 삶이 싫다
> 어찌, 저 아름다운 세상을 보지 못하는가
> 바른 눈과 길을 바라볼 줄 아는 밤이 길어진다
> 몸부림치는 바다를 들여다보라
> 생명의 숲에 눈을 돌려보라
> 물은 낮은 곳으로 더 깊은 곳으로 흐른다
> 강물 소리는 요란치 않아도 길을 내어갔다
> 바다로 흘러드는 물의 생명을
> 큰 눈을 뜨고 바라보리라"
> ―「바른 눈을 가져야지」 부분

이 짧은 문장은 시집 전체를 설명하는 열쇠이기도 하다. 시인은 세상의 위대한 사건보다 작은 떨림을 먼저 보고, 말하지 않는 사물의 숨결을 먼저 느낀다. 바로 이 태도가 시집을 관통하는 시인의 시학이다.

3. 시인의 언어

시집의 후반부로 갈수록 시인의 언어는 점점 더 투명해지고, 시선은 내면으로 깊숙이 스며든다. 존재의 무게를 가볍게 툭 놓아버리는 듯한 담담한 태도 속에서, 시인은 마치 오래된 기도를 한 올 한 올 풀어내듯 언어를 다룬다. 「인생이라는 선물」은 그 절정을 보여준다.

"인생이란 선물을 아끼고 사랑해야지
형편에 맞게 살아가도록 내려준
위대한 하루는 축복받은 삶, 그 자체이다
내 아픈 사랑은 남을 돕게 하고
내 아픈 추억은 남의 고통을 끌어안고
내 형편과 처지가 바뀔 때는
언제나 남을 위한 사랑이 담겨 있음을
인생 선물은 마음에 창을 내기 나름
내 손 내밀 때 다가오는 손길에
그늘 향기는 인생을 복되게 했다"
– 「인생이라는 선물」 부분

여기서 '선물'은 단순한 보상이 아니다. 그것은 살아 있음 자체, 한 번 더 숨을 쉴 수 있다는 사실, 우리에게 남겨진 시간이 가진 찬란한 의미를 가리킨다. 시인은 상실과 슬픔의 순간을 부정하지 않는다. 그러나 그 결핍을 애써 메우려 하지 않고, 그 빈자리를 은혜로 비워둔다. 바로 이 여백에서 이 시집의 미학이 완성된다.

이 시집의 「하조대 추억」은 시집 전체를 통합하는 열쇠와 같다.

"한때는 수평선을 달려가는
무한한 꿈들이 푸른 빛으로 세상을 포효했지
고만고만한 사연들이 백사장에 거품처럼 밀려와
가슴을 톡톡 때리고 사라져 버렸지
횅하니 창공을 나는 갈매기들을 손짓하며
한 줄기 빛의 실마리를 찾았고
비행하는 갈매기들의 향연에 꿈같은 세월 파랗게 물들었지
시련의 발길은 해안 절벽으로
예쁜 해당화를 곱게 피웠다
청춘은 파도에 실어 달아났지만
밤바다에 아린 삶의 별밤 꿈들은
추억의 빛이 되었네"
 -「하조대 추억」부분

파도의 흐름과 생의 소멸을 겹쳐놓은 이 한 구절은, 유한한 생과 무한한 시간 사이의 긴장을 조용히 보여준다. 시인은 사라짐을 두려워하지 않는다. 오히려 사라지는 순간에야 비로소 드러나는 흔적의 아름다움을 붙잡는다. 별밤의 꿈이 추억이 되어도 그 궤적은 남아, 기억 속에서 영원히 반짝이듯, 시인의 언어 또한 우리의 감각 안에 남아 흐른다.

전체 시집을 꿰뚫는 이미지는 '씨앗'이다. 씨앗을 심고, 기다리고, 피어나게 하는 과정은 곧 언어와 존재를 가꾸는 일이다. 시인의 꽃씨는 말과 침묵 사이, 상처와 치유 사이에 심어져 있다. 바람과 비, 계절의 변화를 견디며 결국 피

어나는 한 송이 꽃은 이 시집이 가진 전체 세계의 은유다.

　그리고 중요한 것은, 시집 속의 꽃들은 시인의 것이 아니다. 그것은 시인의 마음 밭에서 피어나지만, 결국 독자의 밭으로 옮겨 심어진다. 시인의 언어는 읽는 이의 감각 속에서 다시 뿌리를 내리고, 우리 안에서 또 다른 의미로 자란다. 바로 여기서 시집의 여운은 완성된다.

　이경희 시집『마음 밭에 꽃씨를 뿌리며』는 거대한 서사보다 사소한 감각의 떨림을 통해 삶의 본질에 다가서는 시집이다. 작은 것들을 바라보는 바른 눈, 하루의 무게를 온전히 살아내는 자세, 감사와 기도를 겹겹이 쌓아 올린 언어. 시인은 세상의 중심이 아니라 가장 작은 변두리에서 존재의 비밀을 발견한다.

　마지막 장을 덮는 순간, 독자는 깨닫게 된다. 시집 속 꽃씨들은 이미 우리 마음 밭에도 흩뿌려져 있다는 사실을. 그것은 시간 속에서 언젠가 조용히 싹을 틔우고, 또 하나의 시가 되어 우리 삶을 밝혀줄 것이다.

이경희 시인

경북 구미(선산)에서 태어났다.
경남대·창원대 교육대학원(교육학 석사)을 졸업했다.
1995년 《진해문학》 활동과 2000년 《한국문인》 수필 신인상
《한비문학》 동시 신인상으로 문단에 나왔다.
2004년 국방부, 해군 장교(소령)로 전역했다.
시집 『우리 사랑 들꽃처럼』을 발간하며 시작 활동을 했다.
2004(3.2) 교육부, 경남혜림학교에 특수교사로 부임했다.
2005년 교육인적자원부장관 "교육현장체험수기 우수상"
2010년 창원시 "문화상", 진해문인협회장·진해특수교육연구회 회장 활동 등
2023년 특수교사로 퇴임했다.
2024년 창원특례시 7회 큰창원 예술제 올해의 작가상(문학)
그밖에 홍조근정훈장, 대통령 표창을 수상했다.
2025~현재 한국문인·경남문인협회·경남시인협회 회원이며 진해문인협회 이사로서 들꽃 연구와 저서 활동에 전념하고 있다.

시집 『우리 사랑 들꽃처럼』 『마음 밭에 꽃씨를 뿌리며』
수필집 『얘들아, 정말 잘했어!』 『감정 서랍(공저)』이 있다.

이메일: bearlkh20@hanmail.net
주　소: 경남 창원시 진해구 여명로 66-9
손전화: 010-4816-6872

창연시선 035

마음 밭에 꽃씨를 뿌리며

2025년 9월 20일 초판 1쇄 발행

지 은 이 | 이경희
펴 낸 이 | 임창연
편　　집 | 이소정 임혜신
펴 낸 곳 | 창연출판사
주　　소 | 경남 창원시 의창구 읍성로 36, 2층
출판등록 | 2013년 11월 26일 제2013-000029호
전　　화 | (055) 296-2030
팩　　스 | (055) 246-2030
E‒mail | 7calltaxi@hanmail.net

값 15,000원
ISBN 979-11-94987-00-0　03810

ⓒ 이경희, 2025

* 이 책은 ❀경상남도, ▯경남문화예술진흥원의 문화예술 지원을 보조받아 발간되었습니다.
* 이 책의 판권은 저자와 창연출판사에 있습니다.
* 양측의 서면 동의 없이 무단 전재나 복제를 금합니다.